JN088242

おうちは遊びのワンダーランド

木村 研

いかだ社

目次

01 準備のいらない遊び

02 親子で手づくりおもちゃ

休みの日に、子どもたちから「遊ぼうよ」っていわれたらどうします？　日ごろあまり遊んでいないお父さんたちは困るでしょう。急いで本やインターネットで探してルールをおぼえ、子どもと一緒に遊ぶのは、なかなか大変です。そんな時は、準備なしでできる「遊び」や「ゲーム」が便利です。材料を使うにしても、どの家庭にもある身近なもので済むなら、いつでも始められますね。

また、遊ぶことはいろんな「力」をつけることでもあります。夢中になって「もう１回、もう１回」と、繰り返し遊んでほしいと思います。

本書で紹介している「遊び」や「ゲーム」は、すぐにできるだけでなく、みんなで楽しめます。そして年齢や条件に合わせてほかのやり方に応用できるようにしています。みんなで楽しめるといっても、大人が手加減をする必要はありません。力が強くて身体の大きい人が不利になる遊びもあります。どれも対等にできる遊びです。

どうか、子どもと本気で遊んでください。応援しています。

スリル満点！

そっとそっとの輪くぐり

用意するもの
古新聞

ちょこっとコラム

雨が続くと外で遊べませんね。そんなときに、お試しください。
新聞紙の穴をくぐり抜けるだけですが、やってみると大変です。最後まで全身の神経を集中させていないと、足や洋服の一部がふれただけでも新聞紙はすぐに破れてしまいます。静かでスリル満点の遊びです。

遊び方

❶新聞紙を2つ折りにして、人がくぐり抜けられるような穴（ちぎっても、はさみで切り抜いてもよい）をあける。
❷2人（大人なら一人でもよい）で新聞紙の両端を持って立つ。
❸順番に新聞紙を破らないように穴をくぐり抜ける。
新聞紙が破れたら、新しい新聞紙と交換して続けよう。

遊びの OnePoint

新聞紙を2つ折りにし、
人がくぐり抜けらる
くらいの穴をあける。

応用

幼児は、イスとイスの間やテーブルの足に穴あきの新聞紙を貼りつけておくと、一人遊びをしてくれますよ。

新聞紙の穴を、順に小さくして競おう。

新聞紙の位置を高くして難易度を上げて競おう。(前転もできるかな?)

力まかせではダメ

つな引きにらめっこ

用意するもの
古新聞

ちょこっとコラム

つな引きは力が強い人が勝つものですが、このつな引きは、穴のあいた新聞紙に首を入れておっかなびっくり引き合います。勝負は、新聞紙の切れたほうが負けです。向かい合ってやりますから、相手を笑わせてすきをつくるのも作戦です。

遊び方

❶新聞紙の左右に首の入る穴をあける。
❷向かい合って座り、新聞紙の穴に首を通す。
❸「ヨーイ、ドン」の合図で、後ろに引っ張り合いをする。
新聞紙の破れたほうが負けになるので、ゆるめたり、急に引くなど、変化をつけよう。

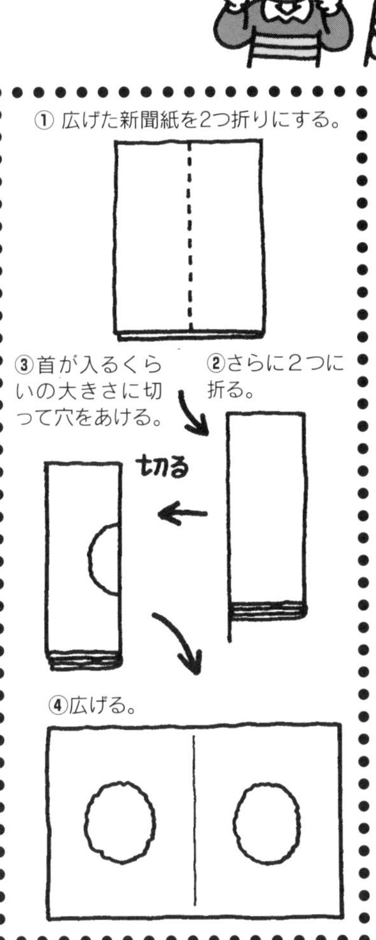

応用

ホームパーティやお正月など人が集まるときは、勝ち負けを競うより、3、4人一度にやるのも楽しいですね。楽しい集まりになることうけあいです。

勝ち抜き戦（チーム対抗でも）をやってみよう。

新聞紙を2、3枚重ねてやってみよう。

小さなつな引き

用意するもの
ハンカチ

ちょこっとコラム

子どもたちが退屈しないように、ハンカチさえあればOK。「勝負」といえば、すぐにつな引きの勝負ができます。
これは、親指と小指、力のはいらない指先でつまんでやるつな引きですから、大人と子どもでもできます。力の差があれば、指を3本にするなど、ハンデをつけましょう。

遊び方

❶向かい合って座る。
❷ハンカチを半分（三角）に折って、その端をそれぞれ利き腕（あるいは逆）の親指と小指でつまむように持つ。
❸「勝負!」の合図で、ハンカチを引き合おう。
引き取ったほうの勝ちとする。

応用

座ったままできますから、乗り物の中でも遊べます。ハンカチがなければ、紙でもひもでも何でも道具になります。力があまれば、本当のつな引きに発展するといいですね。

勝ち抜き戦をやってみよう。

2つのゲームでいざ！

ジャンケンチャンバラ

ちょこっとコラム

昔の子どもは、チャンバラが大好きでした。夜店で買ってもらったおもちゃの刀を大事にしていたものです。今でも山道を歩いているとき、木の枝を振り回していることがあり、一人で照れてしまいます。今だにチャンバラが好きなんでしょうね。この遊びは、大人と子どもが本気になって、全神経を集中させてできるチャンバラです。

用意するもの
古新聞
セロハンテープ

遊び方

❶新聞紙を丸めて、同じ長さの刀を２本つくる。
❷刀を利き腕の反対側に置き、向かいあって座る。
❸2人でジャンケンをする。勝った人は自分の刀をとり、すばやく相手の頭を「オメーン」といってたたく。たたくと勝ち。ただしこの場合、ジャンケンに負けた人は、自分の刀をとって防いでもかまわないし、よけてもよい。そのときはセーフとなる。
❹勝負がつくまで続けよう。

応用

本格的に遊びたくなったら、「スポーツチャンバラ」をやってみるのもいいでしょう。剣道を習い始めるのもいいですね。

- 勝ち抜き戦をやってみよう。
- 人数が多いときは、並んで向かいあって座り、一度にやって人数を減らしていこう。
- 厚紙や箱などを利用して盾をつくって勝負しよう。このときは、盾で身を守ろう。

うちわであおいで

たこたこあがれ

ちょこっとコラム

扇子で紙吹雪をあおいでチョウを飛ばすような芸を寄席で見るたび、帰ってからまねをしてみるのですが、なかなかうまくいきません。あるとき糸をつけたら、ふわふわ浮かぶんです。これをたこあげにしました。2人でやるから、うちの中でやるたこあげ競争ですね。さあ、あおいであおいで。

用意するもの
ティッシュペーパー
細い糸　うちわ
セロハンテープ

遊び方

❶ティッシュペーパーを小さく2つに切り、そのまん中を2mくらいの細い糸の端に、それぞれ縛りつける。
❷糸の中央をテーブルのまん中に、セロハンテープでとめる。
❸うちわを持って、テーブルの左右に分かれる。
❹スタートの合図で、うちわであおぎながらたこあげをしよう。まん中が縛ってあるから、チョウにみたててもよい。
❺競争する場合は、チョウらしく上がったほうの勝ちとする。

もっと遊びたくなったら、昔を思い出して、たこをつくってみましょう。竹ひごが大変なら、ビニールだこをつくってみるのもよいでしょう。

- たくさんテーブルにつけて、たくさんのたこを上げよう。
- 大きな紙でつくり、色や模様をつけてみよう。
- チョウにして飛ばしてもきれい。

ジェスチャーかるた

ちょこっとコラム

ジェスチャーは、昔、テレビで大人気の番組でした。毎週家族そろってテレビの前に座り、日本中が笑い転げていたものです。当時の話を、おじいちゃんやおばあちゃんに聞きながら、カルタを使ってジェスチャーをやってみましょう。「……おいといて」といった、共通のポーズなどが生まれてきて楽しいですよ。

用意するもの
かるた
(あるものでよい)

遊び方

❶絵札と文字札を分ける。
❷文字札はまわりの人にも見やすいように広げておく。
❸ジェスチャーをする順番を決めておく。
❹ジェスチャーをする人は、絵札を一枚引き、その絵札を見てジェスチャーをする。
❺わかった人は「はい」と、その文字かるたを取る。
❻2番の人がカードを引き、同様にジェスチャーをする。
❼かるたがなくなったとき、文字札を多く取っていた人の勝ち。

応用

親せきや友だちがたくさん集まるときにやってみましょう。学校でやるなら、俳句などを利用するのもいいですね。

- みんなが何度もやって覚えているかるたなら、かるたがなくても、ジェスチャーだけでやってもよい。
- 小さい子なら、あらかじめ、動物・食べ物など、テーマを決めて絵札をつくっておくとよい。

ピタッと合うかな

かんたんジグソーパズル

用意するもの
古いカレンダー
（古新聞・チラシでもよい）

ちょこっとコラム

ジグソーパズルといっても、新しいものを買いそろえるわけではありません。古新聞でもチラシでも、古いカレンダーでもいいんです。切ったものを部屋いっぱいに大きく広げて、競争でジグソーパズルします。これは、いくらでも難しくできるし、やさしくもできます。相手に合わせてできるのが、いいところです。

遊び方

❶同じ大きさの紙（カレンダーやチラシなど）を持つ。
❷みんなで、何枚に切るか相談する。「6枚」なら、それぞれが6枚になるように切る。
❸「1・2の3」で、切ったものをとなりの人と交換して、ジグソーパズルを完成させよう。早く完成させた人の勝ち。
❹全員完成させたら、8枚・10枚と数を多くして勝負しよう。

応用

子どもたちの描いた絵を切ってパズルにし、完成させた絵を貼っておくと、ひと味違った絵になりますよ。

- カレンダーなどの絵や写真を細かく切って、協力して完成させよう。
- カレンダーなどの絵や写真を厚紙やのりパネルに貼って立体感のあるパズルをつくろう。（のりパネルは、画材店で売っています）

つられないでね

リモコンゲーム

ちょこっとコラム

近頃のロボットは、賢くなって自分の意思（？）で動いているようですが、昔のロボットは、誰かが操縦をして動かしていました。今も、ロボットの技術と操縦の技術を競う、ロボットバトルのようなテレビ番組がありますが、みているだけで興奮してきますね。そんな気分で遊んだら楽しいでしょう。

遊び方

❶リーダーは、みんなと向かい合うように立つ。
❷リーダーが、「はい、両手を上げて」といって、自分も両手を上げる。みんなは、指示されたとおりに両手を上げる。リーダーは次々に指示を変えていく。間違えた人はアウト。最後まで残った人が勝ち。
❸リーダーは、指示と違うポーズをとってもよいとする。
❹全員アウトになったらリーダーを交代しよう。

応用

バスの中や教室でも手軽にできます。子ども会などで、子どもたち同士が仲良くなる遊びとして、まず最初にやるといいでしょう。

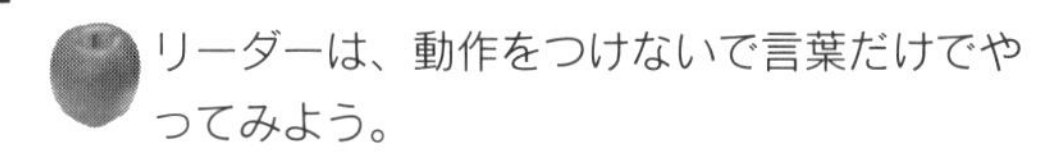

リーダーは、動作をつけないで言葉だけでやってみよう。

その歌なあに？

ちょこっとコラム

たくさんいるほど楽しく遊べます。この遊びが楽しくなるには、たくさん歌を知っていることが大切です。歌を覚えるために、家族でカラオケに行って、他の人の歌を聞いて覚えるのもいいですね。子どもたちも、おじいちゃんやおばあちゃんの歌う古い歌も覚えてくれるでしょう。

遊び方

❶歌う人を４、５人決める。
❷歌う人は、各自歌を決める。
❸「１・２の３」で、いっせいに大きな声で歌いだす。
❹歌のタイトルがわかった人は大きな声でタイトルをいう。正解なら、歌っていた人は歌をやめる。全部がわかったところで終わり。

歌でなくても、好きなタレントや本のタイトルでもいいのです。詳しくは「準備いらずのクイック教室遊び」(いかだ社)を参照してください。

 かるたの札や俳句を読んでもよい。

風船爆弾

ちょこっとコラム

風船爆弾というと、戦争中のイヤな思い出がある方もいっらしゃるかもしれませんが、ハラハラドキドキする遊びです。苦手な人は、まず見学しましょう。見ているだけでも耳をふさぎたくなります。それでも、ハラハラドキドキします。パンクしたら、なぜかほっとして、みんなが笑いだすでしょう。

用意するもの
風船
セロハンテープ

遊び方

❶5cmくらいのセロハンテープを、ふくらませた風船に全員が貼る。
❷ジャンケンなどで順番を決めて、負けた人から順番に、セロハンテープをはがしていく。
❸セロハンテープをはがすとき、風船がパンクしたらアウト。風船を替えてゲームを続けよう。

応用

出かけるとき風船を持っていけば、どこでも遊べます。罰ゲームにも最高の遊びです。

- 薄めの長い風船でやってみよう。
- チーム対抗で競争しながら（タイムをはかってもよい）やってみよう。

しっかり観察

モンタージュチェック

ちょこっとコラム

家族で、お互いをよーく見るなんて、そうないと思います。この遊びは、よーく見ることから始まります。それでも、意外と見ていないものです。いつでもどこでもできます。思いついたら、合言葉のように「モンタージュチェック」といいましょう。みんなが、よーく見たら遊びが始まります。

遊び方

❶リーダーが、だれか一人に立ってもらい、1分間、よーく観察してもらう。（後ろ姿を見せるのもよい）
❷時間がきたら、となりの部屋にいってもらうか、バスタオルなどで隠れてもらう。
❸リーダーが、質問をする。「くつしたの色は？」「ポケットの数は？」「手に持っていたものは？」など。
❹答えが出そろったら、答え合わせをしよう。正解が出たら、正解した人がリーダーになってゲームを続けよう。

応用

何日もかけてやることもできます。写真に撮っておいて、後日、モンタージュチェックをやればいいのです。答え合わせは写真でできますからね。

家族対抗でやってみよう。その場合は、答えをノートなどに書きとめるとよい。

思わず興奮

ジャンケンタッチ

ちょこっとコラム

からだをつかった陣取り合戦です。親子でもつれ合い、重なり合って遊べます。手や足をおくだけですが、意外と体力を使います。体力の限界になったら、ダウンして笑い合えるでしょう。応援団が多くなれば、いっそうもり上がります。

用意するもの

大きめの紙（いらないカレンダーなど）
油性ペン

遊び方

❶ゲーム盤を床に広げる。
❷2人でジャンケンをする。負けた人は、負けたジャンケンの種類と同じ絵のところに、まず片足をおく。
❸ジャンケンを続けて（口ジャンケンでよい）、両手両足をジャンケンの指示どおりに置く。
❹手足が置けなくなったら負け。置けたら、そのまま勝負がつくまで続ける。

ゲーム盤のつくり方

紙皿などをつかって（フリーハンドでもよい）、12個の円をかく。その円の中に、グー・チョキ・パー（1・2・3でもよい）を4こずつバランスよく書く。

応用

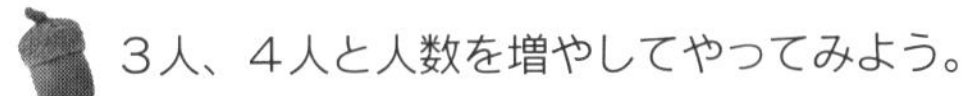

- 3人、4人と人数を増やしてやってみよう。
- チーム対抗でやってみよう。この場合、ジャンケンする人は別の人にする。

2つの遊びが楽しめる

かくれんぼかるた

用意するもの
かるた

ちょこっとコラム

かるたとりは、早い人にはどうしても勝てませんでした。でも、かくれんぼかるたなら、小さい子でも大丈夫。取ることだけが目的でなく、探すことが目的だっていいのです。家の中で、かくれんぼ気分や宝探しの気分を味わって遊びましょう。「あったぞー」の声が、心をワクワクさせてくれることでしょう。

遊び方

❶リーダー（札を読む人）を決め、リーダー以外は、部屋を出る。この間、リーダーは、部屋の中(あらかじめ隠す範囲は決めておく）に絵札のカードを隠す。このとき、絵札の一部が見えているようにする。全部隠し終わったら、全員が部屋に入り、読み札を読む。

❷みんなは、その絵札を探しに行く。見つけた絵札が違っていたら、同じ位置にもどすこととする。

❸誰かが見つけたら、次の絵札を読む。

❹全部終わって多く取った人の勝ちとする。

応用

キャンプ場に行ったときは、虫のカードを隠して、虫とりをしましょう。これなら、虫の苦手な人でもOKです。ただし、自然の中でやるときは、安全を確かめてから始めましょう。

文字札を１枚引き、その絵札を探しに行ってもよい。

広い場所なら、バラバラにちらしておくだけでもよい。

入っているのはどの箱?

室内たから探し

ちょこっとコラム

たから探しと聞いただけで、今でもワクワクドキドキしてきます。「どんなたからだろう？」「どこに隠したんだろう？」と思うだけで、もう冒険の世界に入ってしまいます。部屋の中にたから物を隠しても楽しいでしょうが、おおごとになってしまいます。これは、座ったままできる「たから探し」です。

用意するもの

同じようなお菓子の箱を10個以上
（なければ封筒でもよい）

たから物
（コインやカードでよい）

遊び方

❶箱を半分に分けて、向かい合って座る。

❷それぞれたから物を示し、後ろ向きになって、どれかの箱にたから物を隠す。

❸ジャンケンなどで順番を決める。勝った人から相手の箱を選ぶ。たから物が入っていたら、勝ちとなる。外れたら相手の人に指名権が移る。先にたから物の入っている箱を当てたほうの勝ち。

応用

 箱を多くしてやってみよう。

 箱の中に問題のメモを入れておき、それに答えられたら得点とするようなルールでやってみよう。

 おじいちゃんやおばあちゃんなら、箱の中にお菓子やプレゼントを入れておいて、孫と遊ぼう。

おわい相撲

ちょこっとコラム

子どものころ家の中でも相撲やプロレスごっこをしました。今は、昔の家ほど広くありませんから、なかなか難しくなったと思います。でも、しゃがんだままの相撲なら大丈夫。ときには、子どもにもどって、「ひがぁし……○○山ー」と、呼び出しから本格的にやってみませんか。

遊び方

❶2人がしゃがんで向かい合い、大人がしゃがんだまま土俵入りをしてから、「かかってこい」と、手を広げる。
❷相撲をとる。手をついたりひざをついたらアウト。

応用

人数が多いときは、外でむかで相撲をやってみましょう。詳しくは「準備いらずのクイック外遊び」(いかだ社)を見てください。いろいろな相撲を紹介しています。

勝ち抜き戦をしよう。

1・2の3で

となりの棒タッチ

ちょこっとコラム

棒を立てて倒れるまでにはかなりの時間があります。棒タッチは、この時間にいろいろなことをする遊びです。できたら、どんどん距離を離していき、どこまでできるかやってみましょう。かんたんにできる人は、その間にいろいろなポーズや技をつけて競い合ってもいいですね。

用意するもの
古新聞
セロハンテープかガムテープ

遊び方

❶新聞を丸めて3本の棒をつくる。
❷3人が棒を持って、正三角形をつくるように立つ。
❸それぞれ棒の上に手を置いて、「1・2の3」で棒をはなして、右の人の棒をキャッチする。倒れたらアウト。
❹できたら、三角形を広げていこう。

応用

学校やキャンプ場などで、たくさんの人が輪になって一度にやってみましょう。できたら、一人おきとか2人おきと、難易度を上げていきましょう。

- 一人でやってみよう。棒をはなして、手を3回たたいてから1回転してキャッチしよう。
- 2人でやってみよう。向かい合って立ち、「1・2の3」でお互いの棒をキャッチしよう。

おもしろジャンケン

ちょこっとコラム

ジャンケンは、大人と子どもが対等に勝負できる遊びです。順番を決めるだけでなく、いろんなジャンケンで遊んでみましょう。いつでも、どこでも、「ジャンケンポン!」と勝負をしてみましょう。

フェイスジャンケン

遊び方

❶顔の表情で「グー」「チョキ」「パー」を決めておく。
❷向かい合って、「ジャンケン、ジャンケン、顔ジャンケン!」といって、顔をつくる。
❸勝った人は、次の相手と勝負する。

片足ジャンケン

遊び方

❶「グー」「チョキ」「パー」のポーズを決めておく。
❷向かい合って、「片足ジャンケン、ジャンケン、ポン!」といって、ポーズをつくる。
❸勝った人は、次の相手と勝負する。

両手ジャンケン

遊び方

❶両手をつかって勝負するジャンケン。片手だけが勝っていてもダメ、どちらかが両手とも勝つまで続けよう。

❷片手だけが勝っている場合は、「あいこでしょ」ともう一度勝負する。

からだジャンケン

遊び方

❶「グー」「チョキ」「パー」のポーズを決めておく。

❷2人が背中合わせに立ち、「ジャンケン、ポン」の合図で振り向き、決められたポーズで勝負する。

❸あいこならもう1回。よろけてポーズがくずれたり、手をついたら負け。

河原で楽しく

そっとそっとの石ひろい

用意するもの
古新聞

ちょこっとコラム

河原に行ったときにやってみましょう。大きな石を持ったり、たくさん抱えると、どうしても腕に力が入って、新聞紙はすぐに破れてしまいます。ですから、大人も子どもも、そっとそっと運ばなくてはいけません。夢中になりすぎて怪我をしないように注意して遊びましょう。

遊び方

❶新聞紙の左右に手の入る穴をあける。
❷エプロンのように穴から両腕を出し、合図で石をひろう。
❸新聞紙を破らないように、一度に何個ひろえるかを競争しよう。

応用

農家なら、畑で遊ぶのもいいでしょう。すいかやかぼちゃの大物から、ジャガイモやにんじん運びのゲームにしてもいいですね。アイデアしだいでいろいろなもので遊べます。

 石運びのリレーをしてみよう。

【注意】 足の上に落とさないように注意しよう。

狭い場所でもOK!

ホームランゲーム

ちょこっとコラム

狭いところでできる野球です。小さい子も、女の子も大丈夫です。ゲートボールをやっている、おじいちゃんやおばあちゃんが一番上手かもしれませんね。慣れていきたら、ボールを買ってきて、キャッチボールから始めましょう。松井秀喜選手のような大選手になるかもしれませんよ。

用意するもの

空きカン11個
タコ糸50cmくらい
やわらかいボールかピンポン玉
ビニールテープ

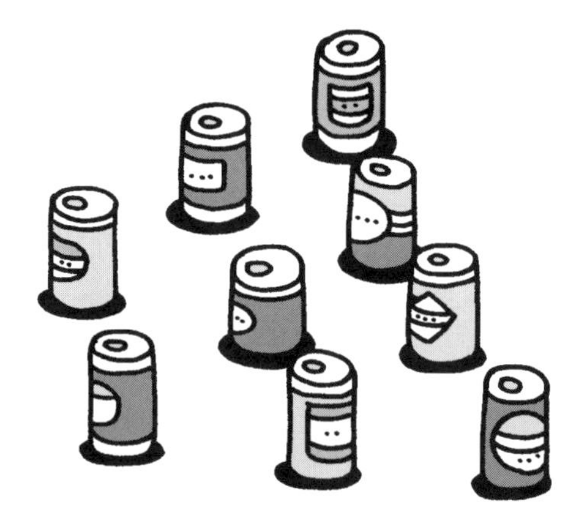

遊び方

❶カンにタコ糸をしばりつけバットをつくる。
❷間隔をおいて、10個のカンを並べる。そこから離れたところに、バッターボックスをつくる。
❸打順を決め、１番バッターからボールをおき、カンの遠心力で打つ。
❹ボールがカンに当たらずに無事通り抜けたらホームラン。カンに当たったら「アウト」。外側を通ったら「ファール」として、もう一度打つ。
❺スリーアウトでチェンジする。

すごい！
次は
わたし！
わーい！
ホームラン！
バットのつくり方
カンのまん中をタコ糸でしっかり
しばる。タコ糸をセロハンテープで
とめておくと、
タコ糸がずれないよ。

応用

チームをつくって試合をしよう。

アウト
スリー
アウト
チェンジ！
カーン

かんたんけん玉競争

割りばしけん玉

用意するもの
割りばし　輪ゴム　タコ糸
丸いもの（セロハンテープ芯、紙コップのふち、新聞紙などでつくった輪）

つくり方

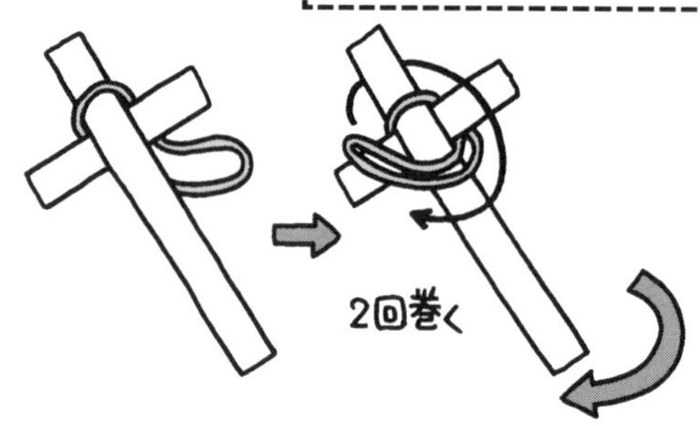

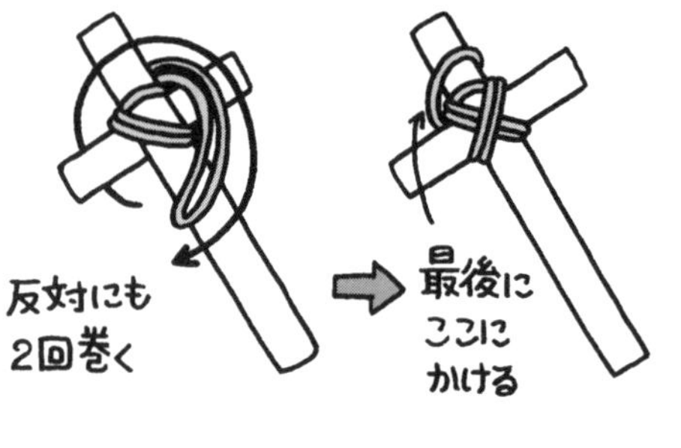

①割りばしを２本用意して１本を３分の２くらいに切る。短い割りばしを長い割りばしの３分の1くらいのところにクロスさせて、輪ゴムで固定して十字架をつくる。

②クロスさせたところに50cmくらいのタコ糸をつけ、その先に輪をつける。

ちょこっとコラム

子どものころ遊んだおもちゃを手にすると、今でも体が動いてしまいます。子どもが遊んでいるこまを借りて、手に乗せるだけで「すごい」と尊敬（？）されると、うれしくなってもっといいところを見せたくなってしまいます。けん玉が得意なお父さんもいるでしょう。かんたんなけん玉をつくって、子どもと勝負してください。

遊び方
割りばしの十字架を持って反動をつけて輪を十字の決めた部分にひっかけよう。

練習しよう
けん玉は、ひざをつかってリズムを取るのがポイント。

①糸のヨリをとり、まっすぐにする。

②ひざでリズムをとり、真上にあげる。

③手に持った紙コップの上にのせる。

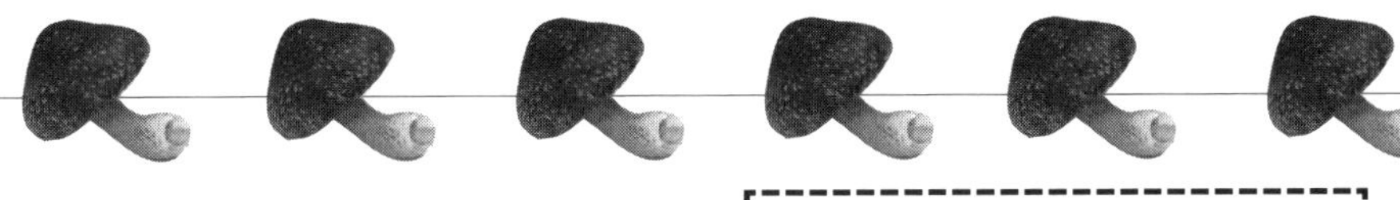

紙コップけん玉

用意するもの
紙コップ2個　タコ糸　ドングリ
トイレットペーパー芯

紙コップと紙コップ

つくり方
紙コップの底を、50cmくらいのタコ糸でつなぐ。

遊び方
一方の紙コップを持ち、リズムをとって、もう一方の紙コップを重ねる。

底に立たせる

横に乗せる

紙コップとトイレットペーパー芯

紙コップの底とトイレットペーパー芯を50cmくらいのタコ糸でつなぐ。

遊び方
トイレットペーパー芯を持って、紙コップをかぶせたり、底を立たせたりする。

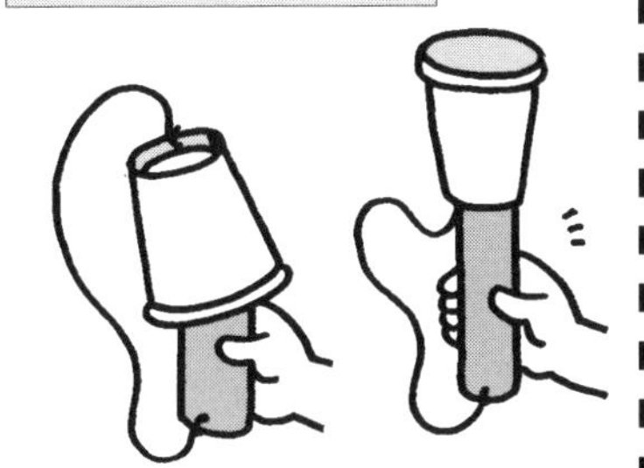

紙コップとドングリ

紙コップの底とドングリを50cmくらいのタコ糸でつなぐ。

遊び方
紙コップを持って、ドングリをコップに入れたり、底に乗せたりする。

作品づくりの前に用意しておくと便利な道具

●筆記用具	鉛筆・消しゴム・油性ペン・色鉛筆・絵の具・クレヨン
●接着道具	セロハンテープ・ガムテープ・布ガムテープ・両面テープ・ビニールテープ・木工ボンド
●切るときに使う道具	はさみ・カッター
●その他	ホッチキス・押しピン・穴あけパンチ・千枚通し・キリ・定規・コンパス

☆各ページの〝用意するもの〟には、その作品をつくるために必要なものを表示してあります。

おもちゃを辞書で調べると、「子どもが遊ぶための道具」と書かれています。つまり「遊ばないと、それはおもちゃじゃない」。ボクがつくって紹介するおもちゃもそうでありたいと心に決めています。

そして、遊ぶことは「いろんな力をつけること」でもあります。力をつけたいなら「繰り返しつくって、繰り返し遊ぶ」、それが大事だと思います。だから、つくることを目的にしないで、遊ぶことを目的にするといいでしょう。それならつくるのがかんたんで、すぐに遊べるものがいいでしょう。遊んでみると、きっと夢中になって「もう１回、もう１回」と、何度もやりたくなるはずです。

吹くおもちゃを繰り返し吹いていると「肺を強くするおもちゃ」になります。病院の先生から、よくお褒めの言葉をいただくおもちゃです。

どうぞ、子どもたちにいろんな「力」をつけてあげてください。

目を回さないでね

くるくるもよう車

ちょこっとコラム

子どものころ、家の中にひもを張るだけで、いつもと違う世界を感じたものです。
きれいに色をつけた回転ごまを転がして遊びましょう。見ている人も楽しいおもちゃです。

遊び方

①長めに切った糸２本の端を、壁のやや高い所に貼る（間隔を２、３㎝あける)。糸をピンと張らせて、２本の糸が平行になるように、糸のもう一方を持つ。

②高い方にこまを乗せると、こまが回転しながら降りてくる。

③高低差に変化をつけると、こまの回転も変わって楽しいよ。

【応用】

●糸を長くして外でも遊んでみよう。

●２階からのばしてやってみよう。

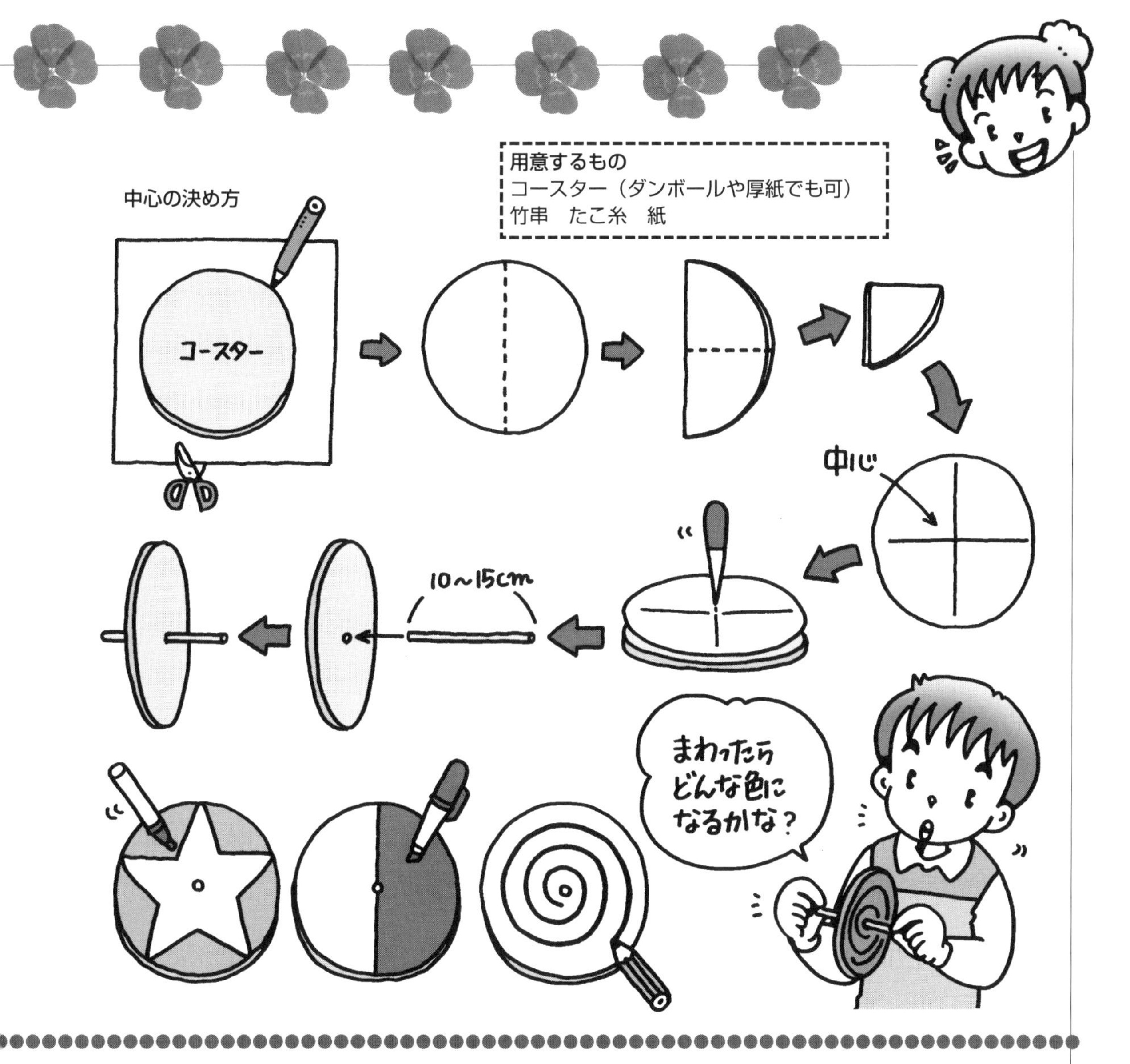

つくり方

①コースターの中心に千枚通しで穴をあける。コースターがなければ、コンパスか皿を使って厚紙に円を書くとよい。

中心の決め方……コースターをなぞって別の紙に円を書き、切りとる。２回折ると中心が決まるので、紙をコースターにのせて穴をあける。

②コースターに色を塗ったり模様を描く。回転したときを考えて描こう。

③竹串を10～15㎝に切って、コースターに差しこむ。両側は同じ長さにする。

④いろんな大きさや形のこまをたくさんつくっておく。

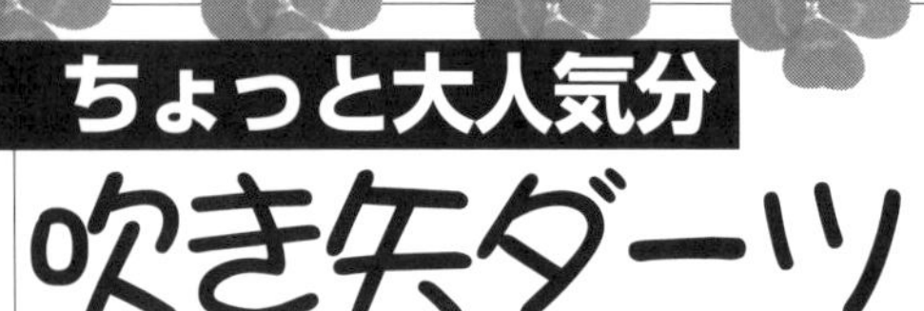

ちょっと大人気分

吹き矢ダーツ

ちょこっとコラム

酒場でダーツをする映画のシーンに憧れて、狭いアパート暮らしのときにダーツを買いましたが、距離がなくて遊べませんでした。そんな思いをこめて、家の中でできるダーツを考えました。お試しを。

遊び方

①壁に的を吊り下げる。
②１～２m離れたところに立つ。
③ラップの芯に矢をつめ、的をねらって矢を吹き飛ばす。
④矢がささったところが得点になる。矢の本数を決めて、得点を競って遊ぼう。

【応用】

●ラップの芯がなければ、画用紙やカレンダーなどを丸めてつくろう。
●トイレットペーパーの芯がなければ、牛乳パックをコップ形に切ったもので的をつくろう。

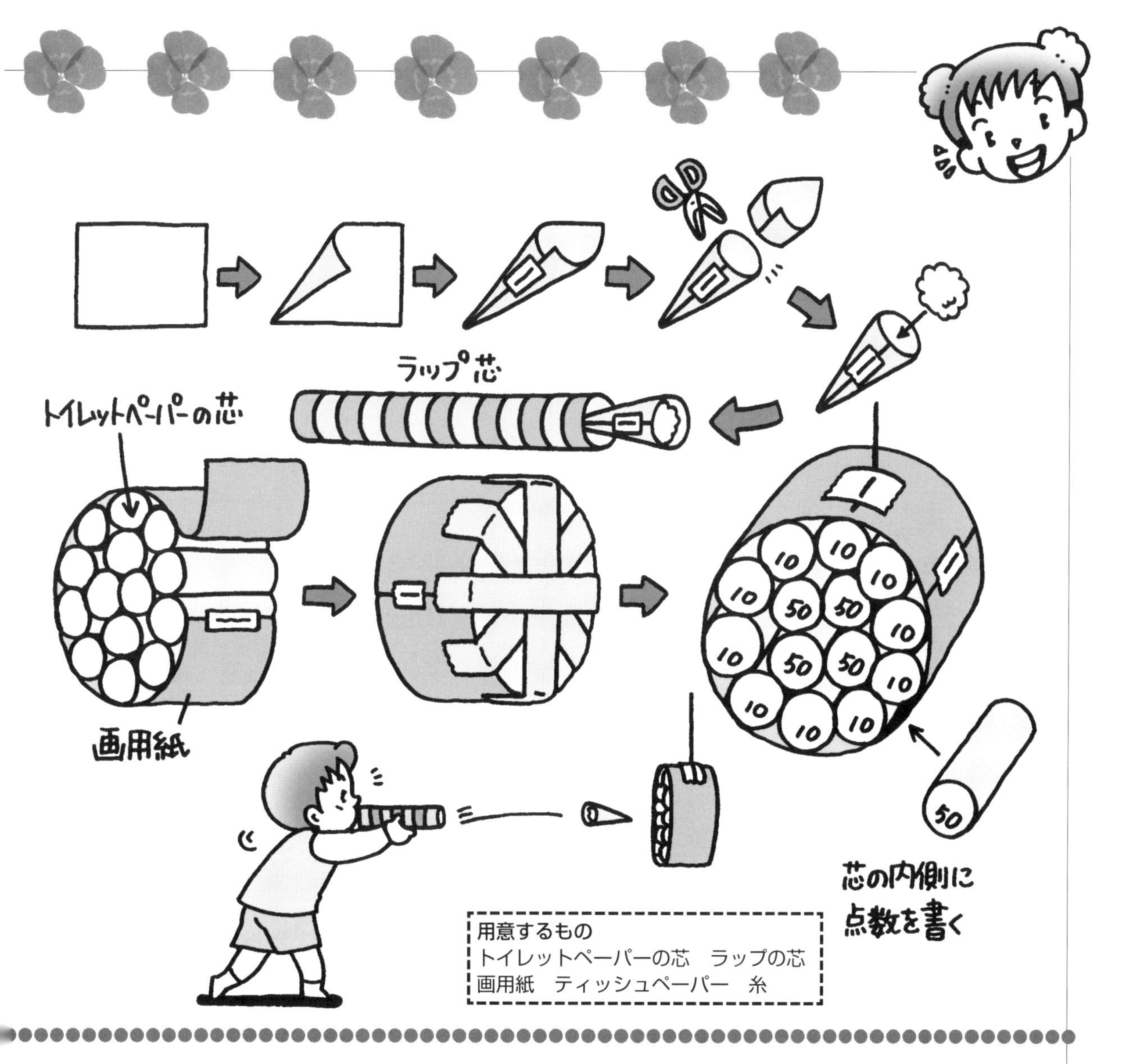

つくり方

①ラップの芯に合わせて画用紙で円すいをつくる。はみ出した部分は切りとる。
②円すいの中の先に、ティッシュペーパーをつめて（重石になる程度）矢をつくる。矢はたくさんつくっておく。
③ラップの芯に色を塗ったり、きれいな紙やビニールテープを貼ろう。
④トイレットペーパーの芯を蜂の巣のように寄せてまとめ、画用紙で巻く。吊り下げられるようにする。
⑤底を貼ってふさぎ、中に点数を書く。

かわいらしく回るよ

ストローくるくる

ちょこっとコラム

太いストローと細いストローがあればつくれるおもちゃです。子どもといっしょにつくるのも楽しいですが、あらかじめつくっておいてプレゼントするのもいいですね。

遊び方 ストローを立てるようにして、軽く吹いてみよう。くるくるきれいに回るよ。

【応用】

●ストローに油性ペンで色をつけてみよう。

●２人でもできるようにつくってみよう。

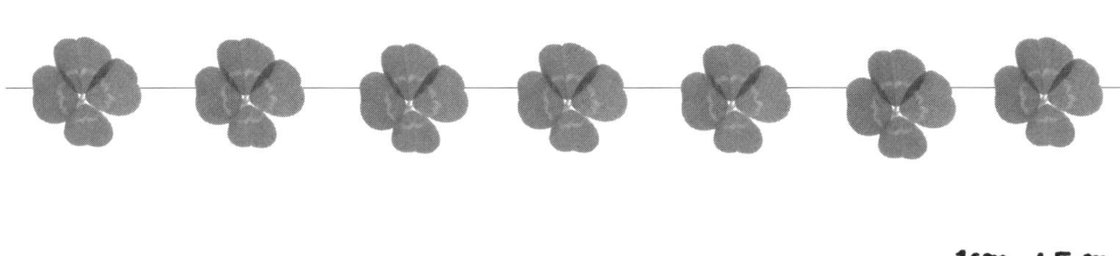

用意するもの
先の曲がるストロー（大）
細いまっすぐのストロー

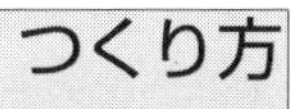

つくり方

①先の曲がるストローを引っぱって曲げ、長い方から1.5㎝を２個、１㎝を１個切りとる。
②1.5㎝のストローにはさみを差しこんで、５㎜くらいの切りこみを8つ（または６つ）入れる。
③切りこみを同じ方向にひねって、つぶすくらい強く折り曲げる。２個つくる。
④先の曲がるストローの短い方に、細いストローをセロハンテープでとめる（太いストローの穴をふさがないように）。
⑤1.5㎝の折り曲げた方を下にして、細いストローに通す。２個入れてもいいし１個でもよい。
⑥細いストローの先を折り曲げ、曲げたところに1㎝のストローをかぶせる。

脳トレの元祖？

カエルの知恵の輪

ちょこっとコラム

知恵の輪はできないとついムキになってしまいますが、何かのはずみに簡単にとれるとうれしいですね。そんな楽しさを家庭でも味わってください。

遊び方

①あらかじめ3つのパーツを組み合わせておく。

②「破らないようにカギをはずしてください」と言って相手に渡す。

（注意：「破らないように」は「折り曲げないで」という意味ではありませんが、あえて誤解させるような言い方をします。「折り曲げていいの？」と聞かれたら「破らなければ」と言いましょう）

③外せたら、ほかの人に見られないようにセットし直してまた遊ぼう。

【応用】

●仕組みがわかったら、いろんな形をつくってみよう。

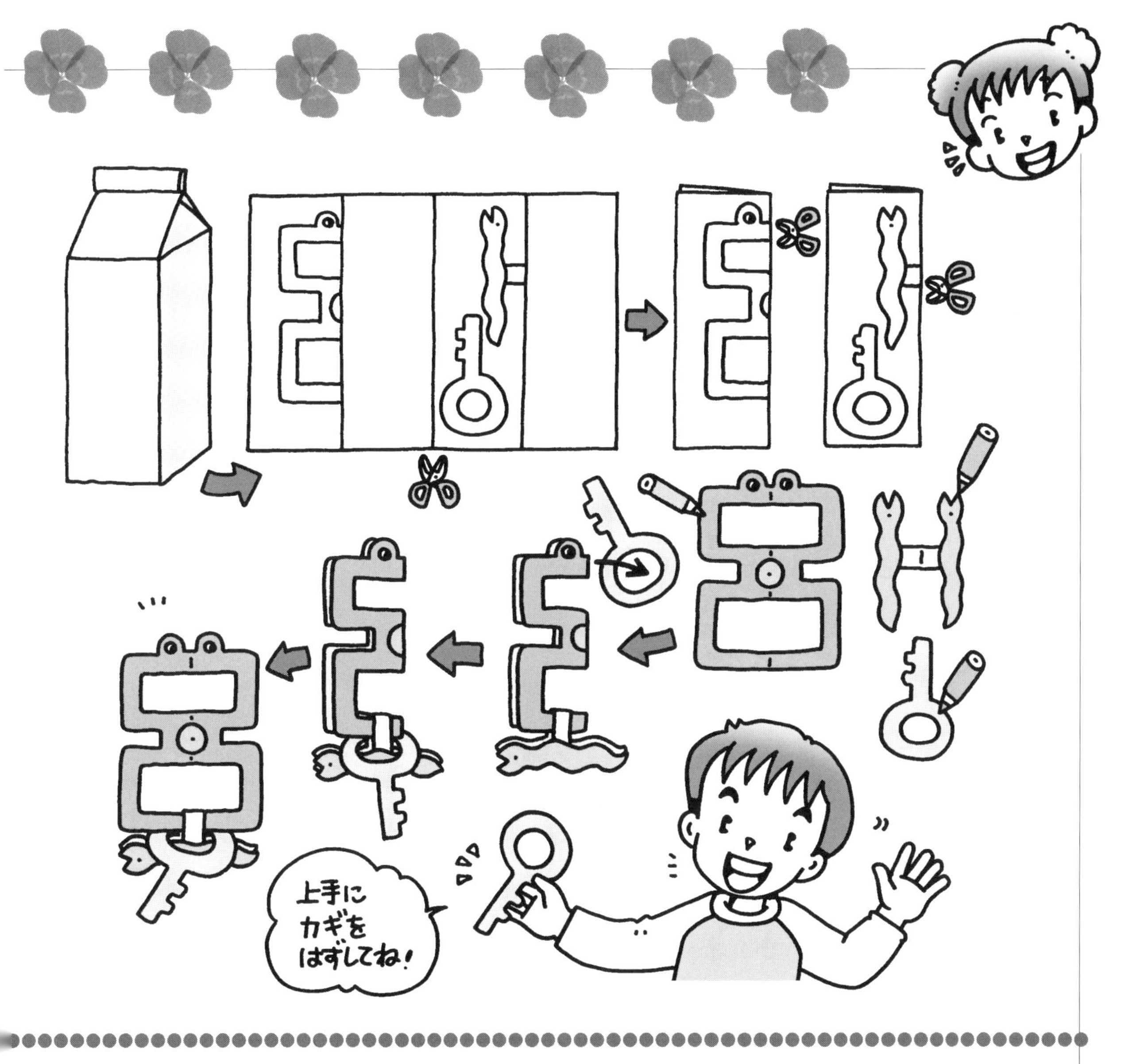

つくり方

①牛乳パックを切り開く。
②貼り合わせ部分でないきれいな面を使うように半分にする。
③白地にカエルを描いて切りとり、色を塗る。
④カエルの幅に合わせてヘビとカギをつくる。折ったカエルの幅とヘビをかける幅を同じにするのがポイント。

用意するもの
牛乳パック

だれのがいちばん回るかな

巻き巻きチラシごま

ちょこっとコラム

家庭でよく出るゴミにチラシがあります。ボクはこのチラシを折ってゴミ箱にしたりしますが、おもちゃもつくってみましょう。チラシを巻いてつくるこまです。

遊び方

テーブルの上で回してみよう。

【応用】

●大きくつくってみよう。
●まわりに模様などを描いてみよう。
●色画用紙や紙テープを使って、模様を考えながらつくってみよう。

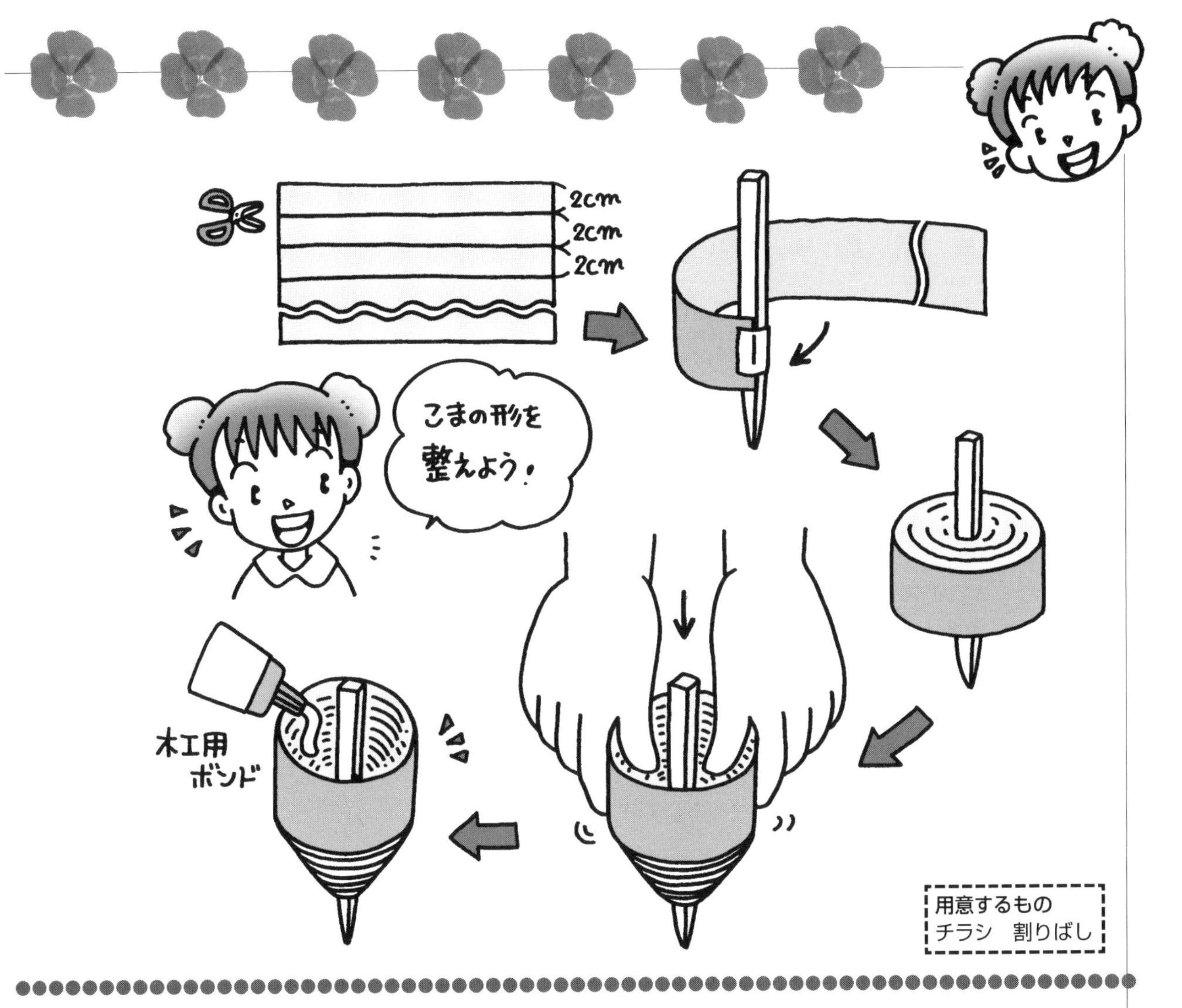

用意するもの
チラシ　割りばし

つくり方

①チラシを２cm幅に何本も切っておく。
②割りばしの先を鉛筆削りかナイフで削っておく。
③削りはじめくらいの位置に、セロハンテープでチラシの端を固定してから巻いていく。（注：チラシの下の部分をそろえるようにする。上はずれてもよい）
④チラシをつなぎ足しながら長く巻き、最後をのりで貼るかセロハンテープで固定する。
⑤巻いたチラシをずらしてこまの形を整える。
⑥ずらした外側と内側に木工ボンドを塗りこむようにつけて、ボンドが透明になるまで乾かす。
⑦乾いたら、割りばしを切ってできあがり。（注：こまのバランスを考えて、つまみ部分や先の長さを調整して切る。先はとがらなくてもよい）

ピューンと飛んでいくよ

ストローアーチェリー

ちょこっとコラム

ワークショップやイベントで子どもたちがいちばん夢中になるおもちゃです。子どもといっしょにつくって、広い野原や公園で遊びましょう。

遊び方

①トイレットペーパーの芯を持ち、ストローの出ている方を前に向けて構える。

②矢をV字の方から本体のストローに差しこむ。

③V字を輪ゴムに引っかけてつまみ、弓のように引っぱって放す。

【応用】

●残った矢をトイレットペーパーの芯に貼りつけて、矢立てをつくろう。

●トイレットペーパーの芯の底に紙を貼って、矢立てや筆立てにしよう。

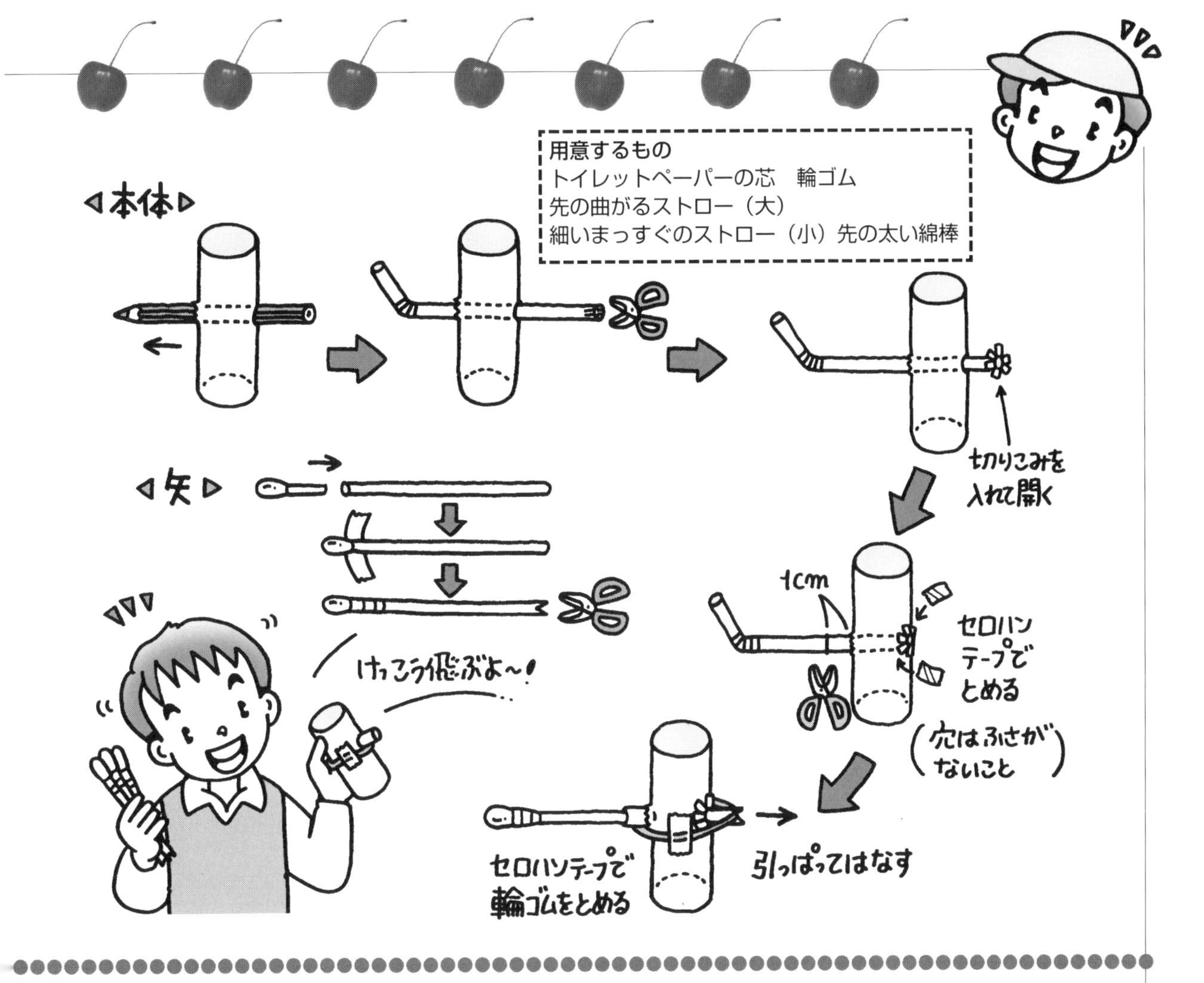

つくり方

①トイレットペーパーの芯に穴をあけて、鉛筆を通り抜けさせる。
②先の曲がるストローを引っぱって曲げ、長い方を芯に通す。
③長い方の先に切りこみを5、6本入れる。
④切りこみを外に折り曲げて、花びらのように芯にセロハンテープで固定する。（注：ストローの穴にテープがかからないように貼る）
⑤芯から1㎝くらいのところでストローを切る。
⑥輪ゴムをかけて、芯の側面（ストローの横あたり、前寄りに）を1ヵ所テープで固定する。これがアーチェリーの本体になる。（注：輪ゴムが長いときはストローに巻くとよい）
⑦綿棒を半分に切り、細いストローの先に差しこんで、テープで固定する。（ストローの反対側をV字形に切る。これが矢になる）

ロケットくるくる

ちょこっとコラム

プロペラのおもちゃはいろいろあります。室内で遊ぶものが多いですが、広い野原や公園で、思いっきり飛ばして遊びましょう。くるくる回ってとてもきれいですよ。

遊び方

①羽を持ち、輪ゴムを発射台のずらした割りばしに引っかけて、下に引く。
②手を離すと、空に上がってくるくる回りながら落ちてくる。

【応用】
●羽に、きれいな色をつけてみよう。
●大きさを変えてつくってみよう。

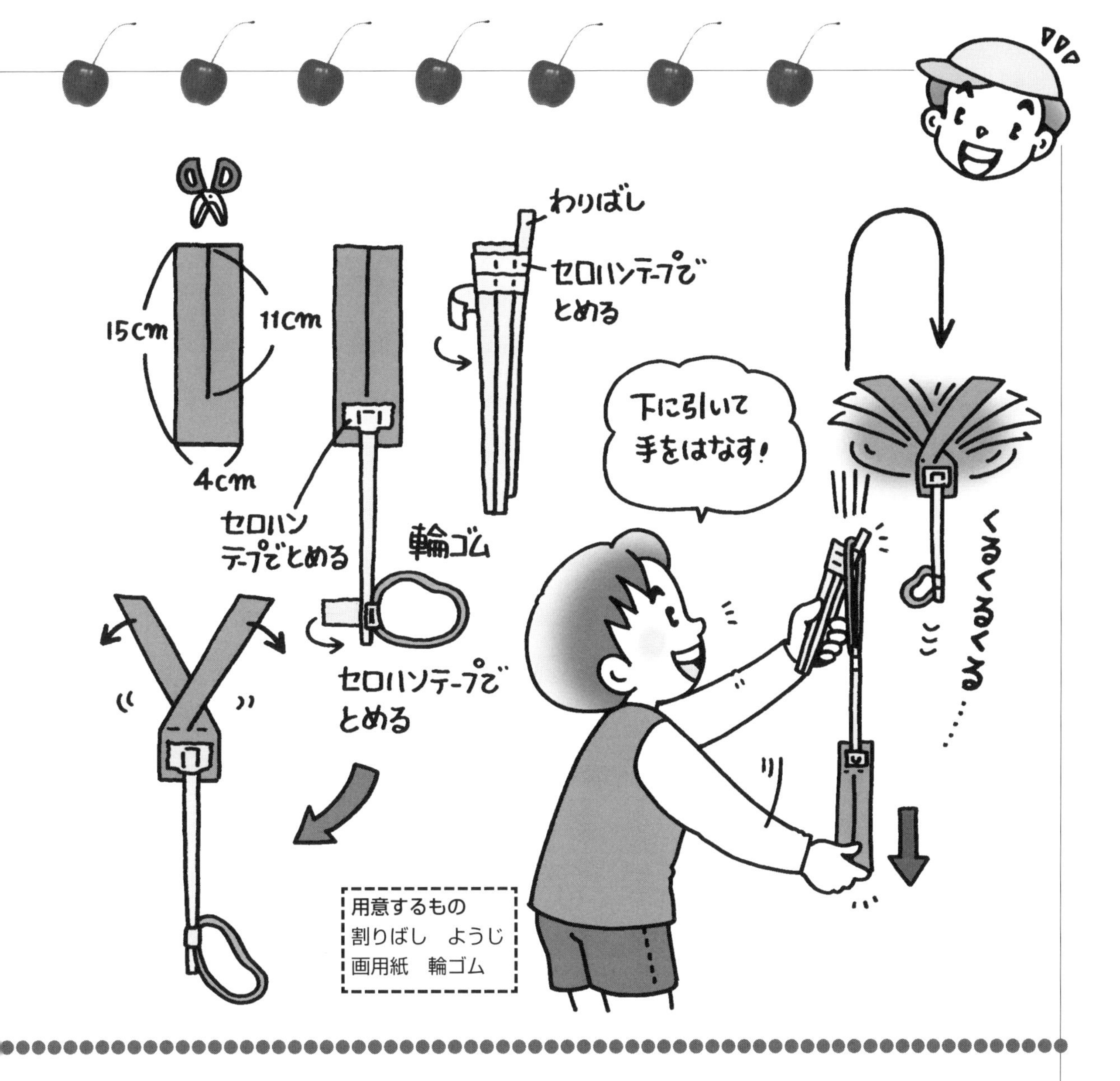

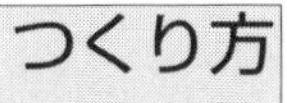

①画用紙を4㎝×15㎝に切り、11㎝くらい切りこみを入れる。
②割りばし1本を画用紙の切りこみの下に貼りつける。
③画用紙の切りこみを羽を開くように折り、落とすと回るか確かめる。これが羽になる。
④割りばしの先に輪ゴムをつける。
⑤割りばし1膳の横に、割りばし1本を少しずらしてセロハンテープで固定する。これが発射台になる。

家族みんなが登場

おひなさまカード

ちょこっとコラム

子どもたちはきれいなカードが好きです。家族の写真や子どもの絵を使ってひな壇を飾り、家族のおひなさまをつくりましょう。いい記念になりますよ。

遊び方 テーブルや棚に飾って楽しみましょう。

【応用】
●家族の人数が多ければ、３段でつくってみよう。

 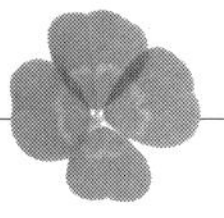  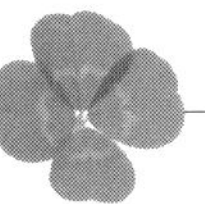   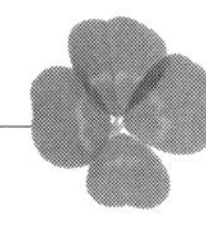

用意するもの
家族写真（できれば人物が同じ大きさのもの）
色画用紙や色紙

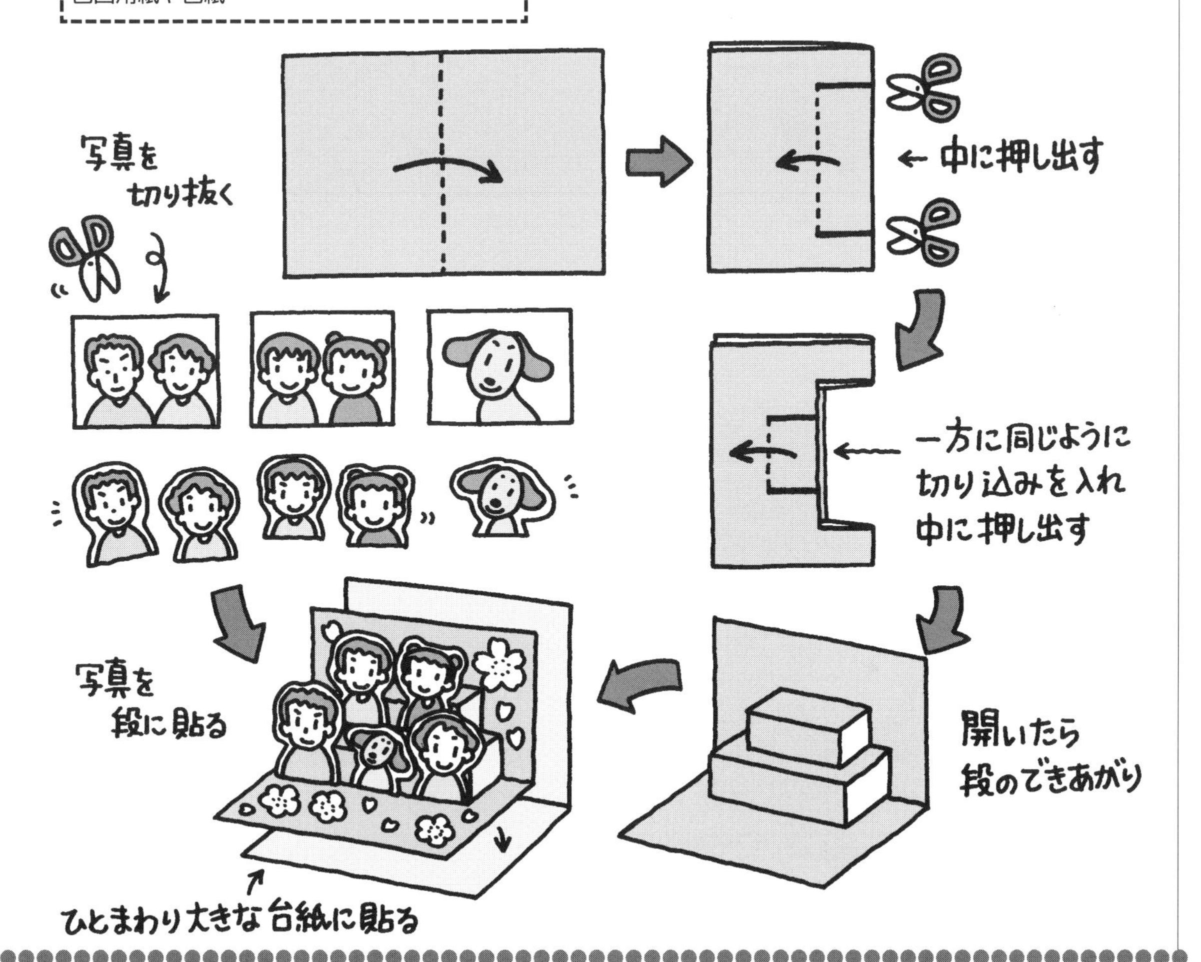

つくり方

【例】家族４人とペット

①写真を切り抜く。

②写真の大きさに合わせてひな壇のカードをつくる（目安はハガキ２枚大）。
画用紙を半分に切る。図のように切りこみを入れて折っていく。開くとひな壇のできあがり。

③写真をひな壇に貼り、いろんな飾りをつける。

④ひとまわり大きい台紙に、折り目を合わせて貼る。

光が差しこむきれい

ステンドグラス

ちょこっとコラム

教会などに行かなくても簡単に楽しめるステンドグラスのアートです。壁面に飾ってもいいし、障子や窓に飾って、お茶会をするのもいいですね。

遊び方　窓や障子枠の中に飾りましょう。

【応用】

●お話の場面などを大きくつくってみよう。

用意するもの
下絵用の紙　黒い色画用紙
カラーセロハン

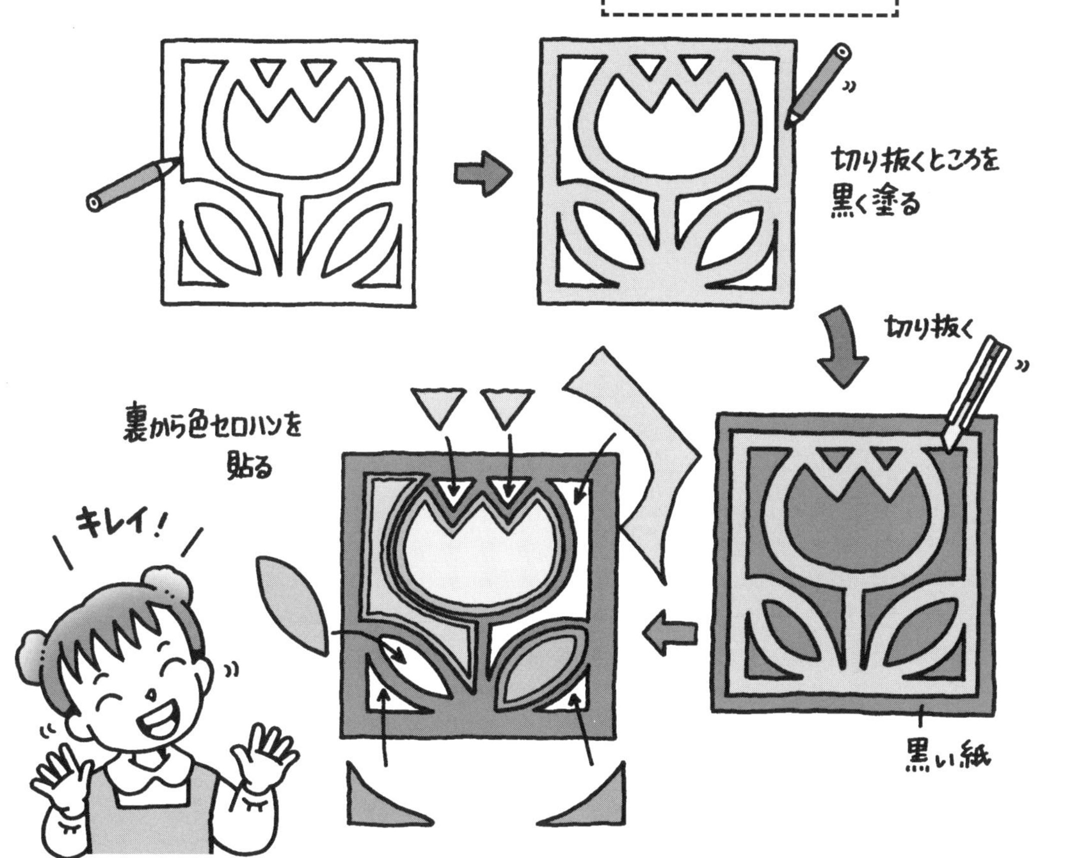

つくり方

①切り抜くことを考えて、ステンドグラスのデザインや下絵を描く。
②切り抜く個所を黒いサインペンで塗りつぶす。
（注意：残るところがつながっているかを確認しておく。下絵を鉛筆で描き、消してみるとよくわかる）
③黒い色画用紙と重ね、２枚いっしょにカッターナイフで黒い部分を切り抜く。
④切り抜いた黒い色画用紙の裏から、色のバランスを考えてセロハンを貼る。
（注：黒い部分からはみ出さないように貼る。意識的にはみ出させるのはよい）
⑤枠をカッターナイフできれいに切る。

魚がゆらゆら揺れる

ペットボトルの水槽

ちょこっとコラム

子どもたちは生きものを飼うのが大好きです。かといって世話のことを考えると大変ですね。オリジナルの魚や水中花を浮かべて水槽をつくってみましょう。

遊び方　明るい場所に置いて飾ろう。ゆらゆら揺れてかわいいよ。

【応用】
●スチロールトレーで魚をつくり、水槽などに沈めてみよう。

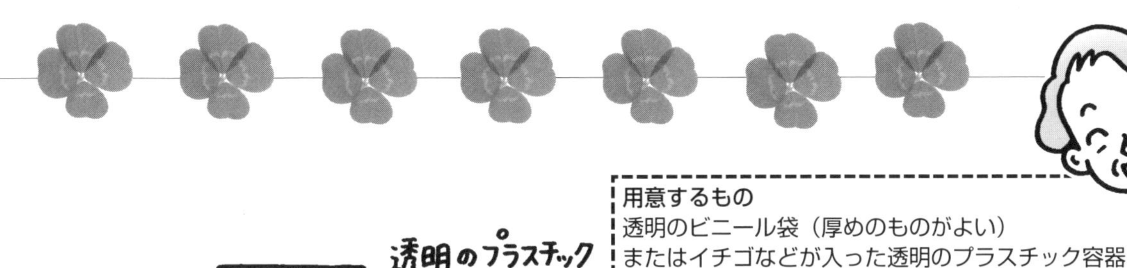

用意するもの
透明のビニール袋（厚めのものがよい）
またはイチゴなどが入った透明のプラスチック容器
釣り糸　釘（錆びないものがよい）
丸いペットボトル
紙コップ２個（大きさはペットボトルに合わせる）

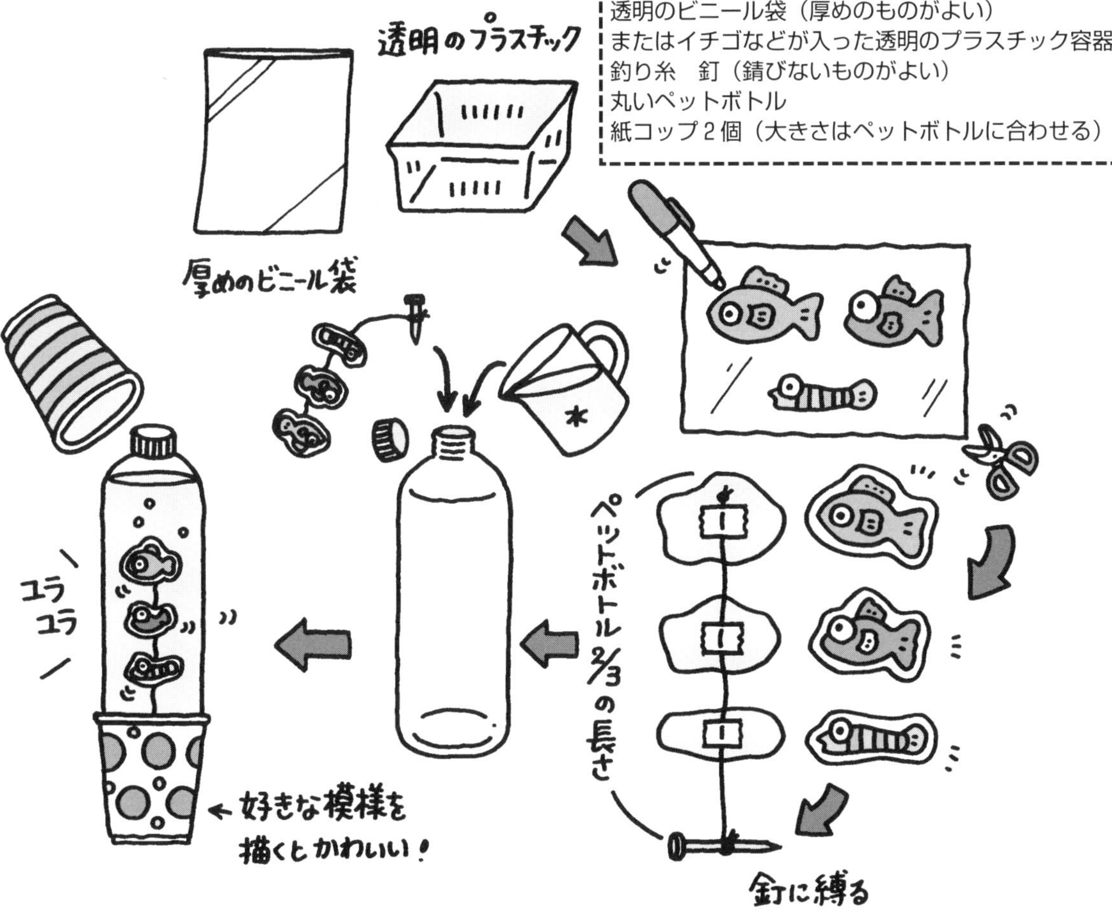

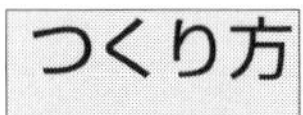

つくり方

①ビニール袋かプラスチックに、油性ペンで魚や花の絵を描く。（注：大きさは、ペットボトルの口から入る大きさにする）
②釣り糸をペットボトルの３分の２くらいの長さに切る。
③一方の端に釘を縛る。
④糸にバランスよく魚を貼りつける。花なら黒い糸にして葉もつけるとよい。
⑤ペットボトルに水を入れ、魚（花）を水の中に沈めてふたをする。
⑥ペットボトルの上下に紙コップをかぶせる。紙コップにはきれいな絵や模様を描くとよい。

ランプ

ちょこっとコラム

足の踏み場もない部屋で暮らしているボクは、何もない部屋、おしゃれなランプだけがあるような部屋に憧れています。そんな部屋に置けるランプをつくりましょう。

遊び方 暗い部屋に置き、中に懐中電灯（豆電球）を入れて明かりをつけてみよう。

【応用】

●障子紙を貼るとき、形をつけた紙（新聞紙・折り紙・包装紙・落ち葉）を途中にはさんでみよう。

●明るすぎるようなら、紙をかぶせるかセロハンを貼るなどして光を調節しよう。

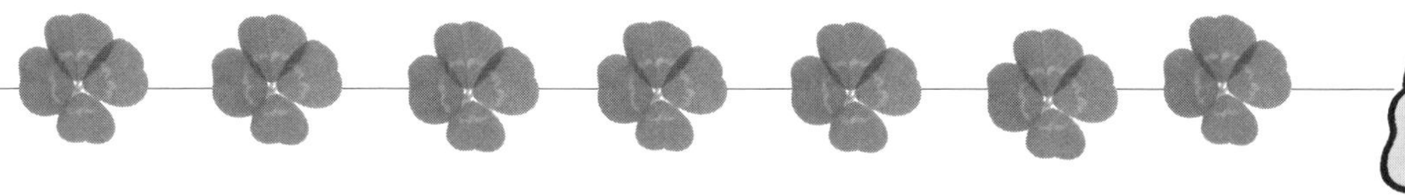

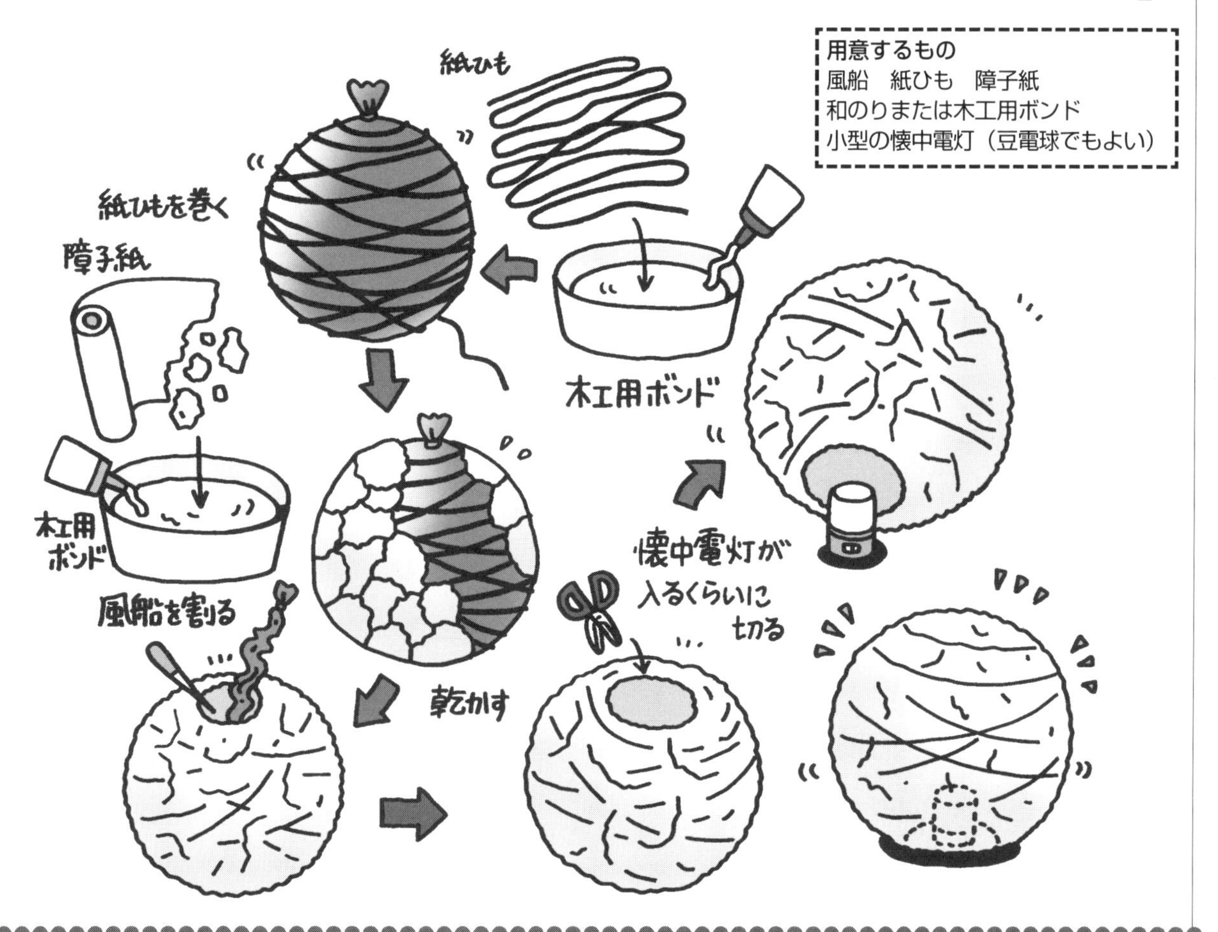

つくり方

①風船をふくらませる。
②水を張った洗面器に、和のりまたはボンドを入れて、濃い目によく溶かしておく。
③紙ひもをのりに浸してから、風船に巻きつけて貼る。和紙の間にひもを巻くとか、バランスやデザインを考えて巻こう。
④障子紙を適当な大きさにちぎり、のりに浸して絞る。
⑤ひもを巻いた風船に障子紙をきれいに貼りつけていく（何重にも貼る）。
⑥形が整ったら、縛った所を吊り下げて乾かす。
⑦乾いたら、針などを刺して風船を割る。風船は取り出す。
⑧懐中電灯（豆電球）が入るように、ボールの口を丸く切りとる。

お父さんはっけ〜ん

潜望鏡

ちょこっとコラム

探偵ごっこをして遊んだことのあるお父さんやおじいさんなら、潜望鏡でたくさん遊べるでしょう。昔のガキ大将になって、子どもたちをリードして楽しんでください。

遊び方 のぞき窓からのぞいてみよう。高いところを見たり、後ろを見たりして遊ぼう。どのように見えるかな。

【応用】

●牛乳パックをつないで長くしてみよう。

用意するもの
1リットルの牛乳パック3本
ミラーシート（アクリルミラー）6.5cm×9.5cmを2枚
※ミラーシート（アクリルミラー）は工作材料取扱店などで手に入ります

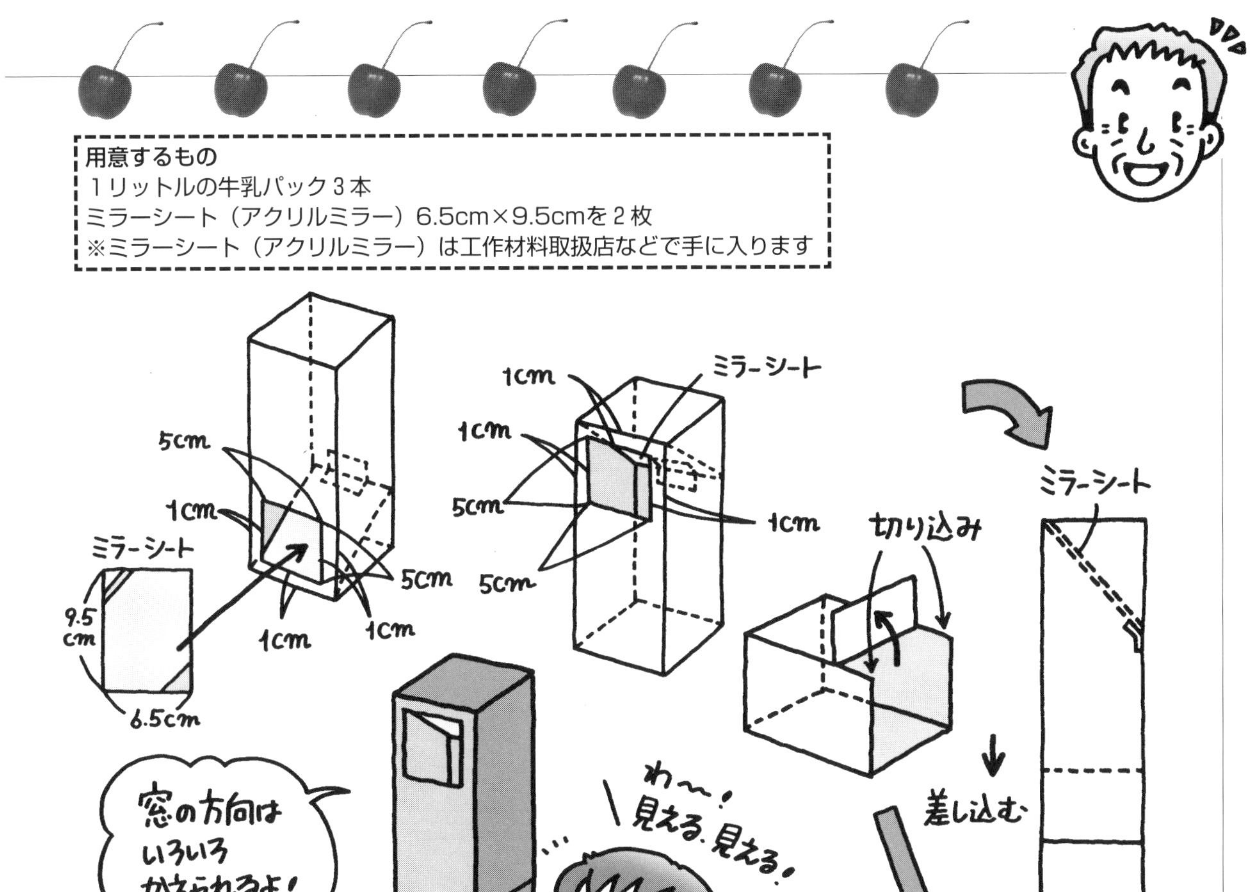

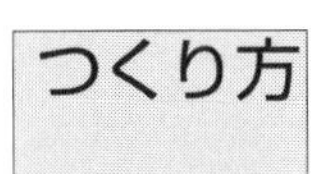

つくり方

①牛乳パックの上部分を切りとり、図のように切り抜く。これを2個つくる。
②①であけた窓の奥に、ミラーシートを斜め45度にセロハンテープで貼る。これを2個つくる。
③切り口どうしを重ねて、2個の牛乳パックを組み合わせる（窓の向きは見たい方向によって決める）。
④もう1個の牛乳パックを図のように輪切りにし、③に固定する。これがのぞき穴になる。
⑤まわりに模様紙を貼ってきれいに飾ろう。

針穴写真機（ピンホールカメラ）

ちょこっとコラム

小さな穴から外の景色が見える、というのは、仕組みがわかった今でも不思議です。子どもたちと、針の穴から見える景色を楽しみましょう。

遊び方

箱をのぞいて、内側の枠（牛乳パック）を引きながら、トレーシングペーパーに景色が写るように調節しよう。明るい部分との境めあたりを見ると見やすいよ。

【応用】

●牛乳パックの代わりにトイレットペーパーの芯を使って、丸いピンホールカメラをつくってみよう。

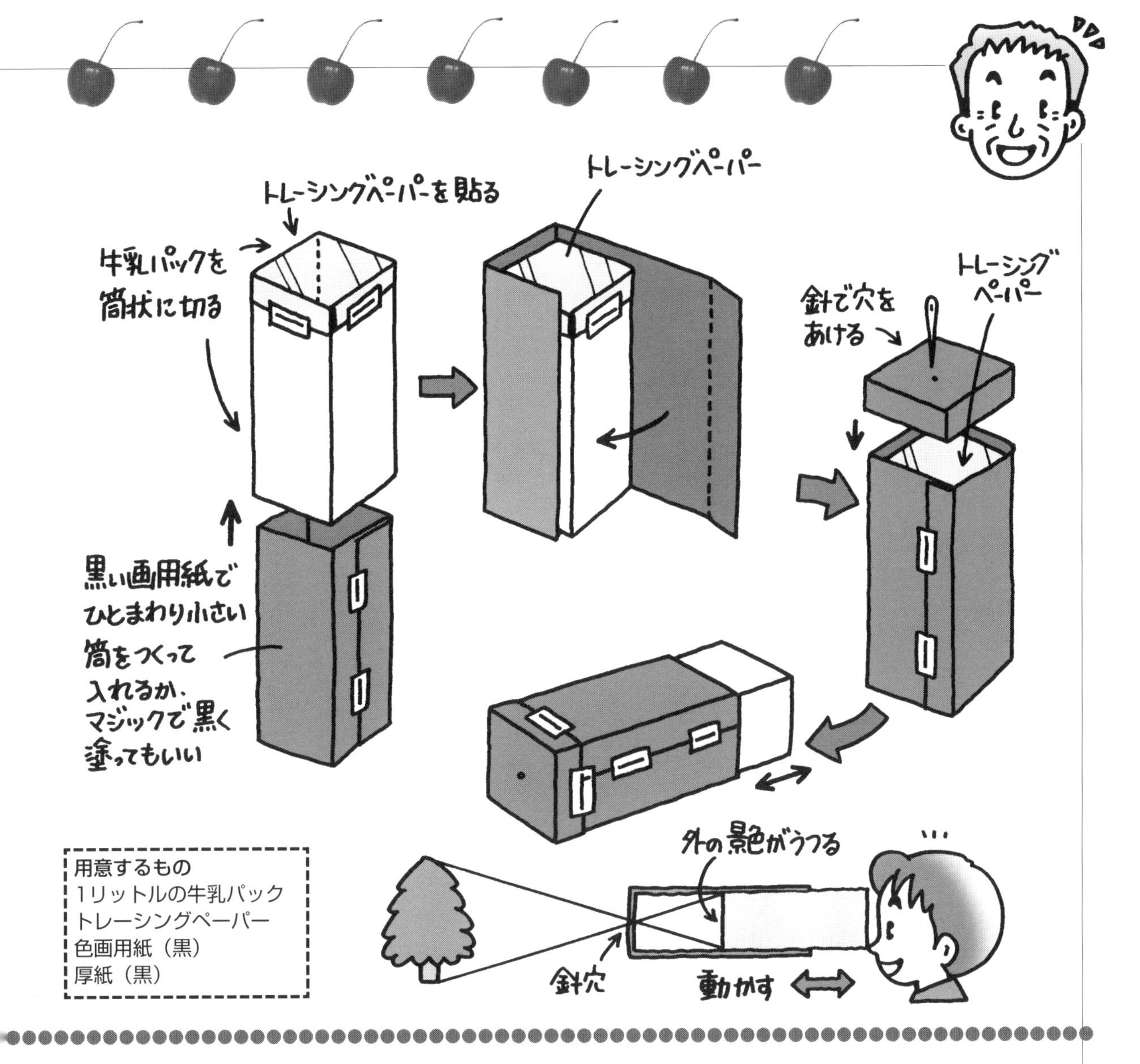

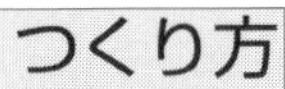

つくり方

①牛乳パックの上の部分と底を切りとって筒状にする。
②切りとった片方にトレーシングペーパーを貼る。
③黒い画用紙で牛乳パックより一回り小さい筒をつくり、牛乳パックの内側に入れる。
④黒い厚紙で牛乳パックを包む。
⑤黒い厚紙でふたをつくり、まん中に針ほどの穴をあける。
⑥ふたを牛乳パックに貼る（トレーシングペーパーを貼った側）。
⑦牛乳パックがうまくスライドするか確かめる。

好きな模様でつくってね

万華鏡

ちょこっとコラム

向こうの景色が見える万華鏡を持って、庭や公園でぼんやりしているのが大好きです。そんな気持ちを味わってほしくて、簡単な万華鏡を紹介します。

遊び方 のぞき穴からのぞいてみよう。筒を出し入れしたりペットボトルを回したりすると、模様が変わってきれいだよ。

用意するもの
厚紙　ミラーシート
(アクリルミラー。なければプラ板)
色画用紙　トレーシングペーパー
500mlのペットボトル
ビーズなどきれいなもの
※ミラーシート（アクリルミラー）は工作材料取扱店などで手に入ります

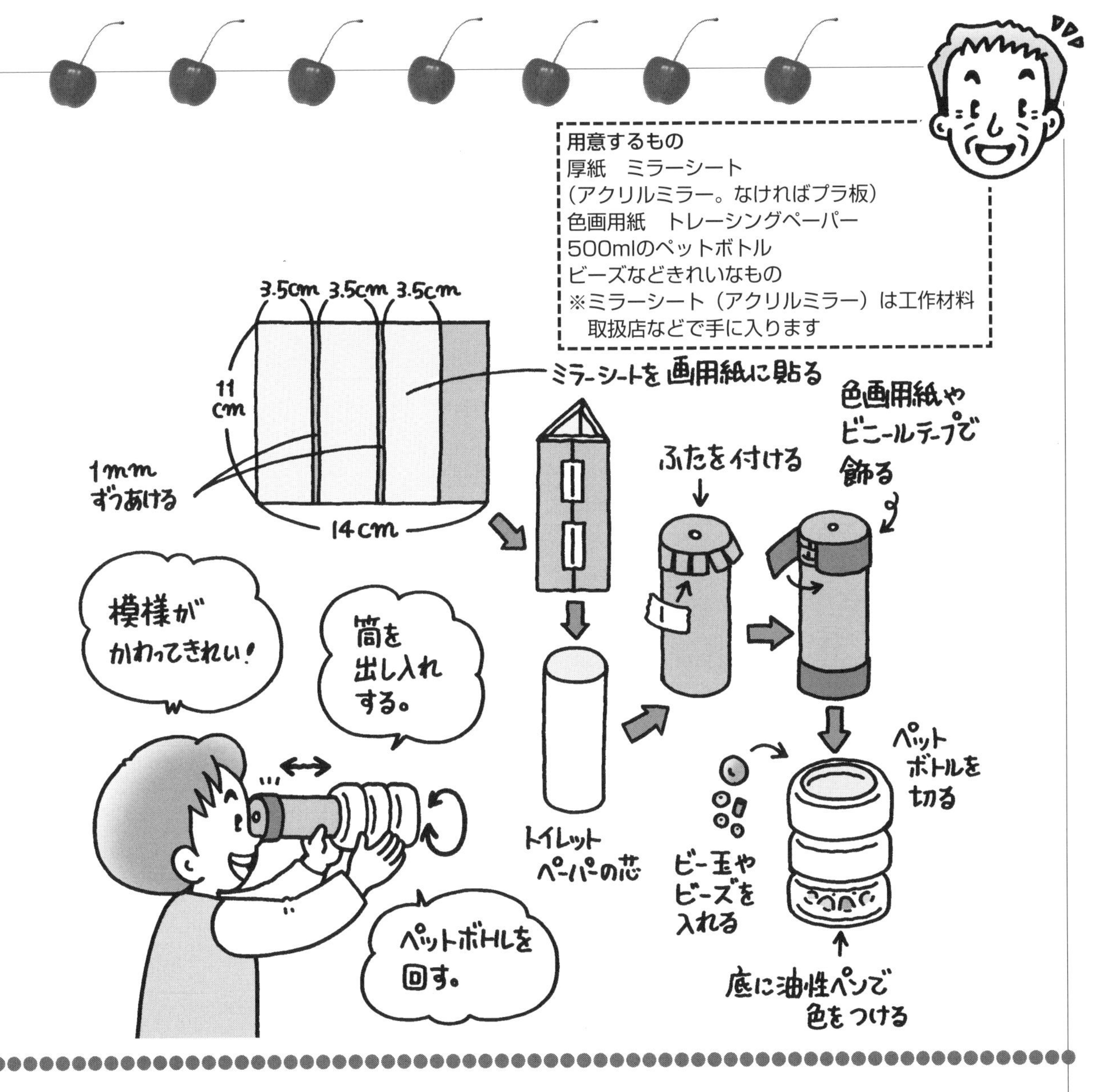

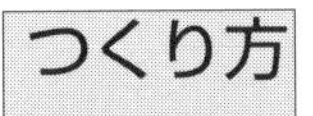

①図のように、切ったミラーシート3枚を色画用紙に貼る。
②ミラーシートを内側にして三角の筒にする。
③筒をトイレットペーパーの芯の中に通す。
④筒の片側にトレーシングペーパーでふたをして、のぞき穴をあける。
⑤色画用紙やビニールテープで飾る。
⑥ペットボトルを切る。底にマジックで色をつけ、ビーズなどを入れる。
⑦ペットボトルに筒を差しこむ。

コリントゲーム

ちょこっとコラム

温泉地の射的やスマートボールに憧れていました。ピンボールとパチンコの楽しさを併せ持った、親子で楽しめるコリントゲーム盤で遊びましょう。

遊び方 スタート部分にビー玉を置き、つまみを引いてはじく。ビー玉をたくさん用意して、ビー玉の入ったところの点数を競おう。

【応用】

●幼児向けに、箱の下の部分を分けて、得点ではなくどこに行くかを競うゲーム盤をつくろう（P.79参照）。

つくり方

用意するもの
ふた付の薄めの菓子箱　輪ゴム
ビー玉（ここでは例として1.5cm大のもの）
角材（ここでは例として１cmのもの）
厚紙　つまみのついた画びょう（プッシュピン）

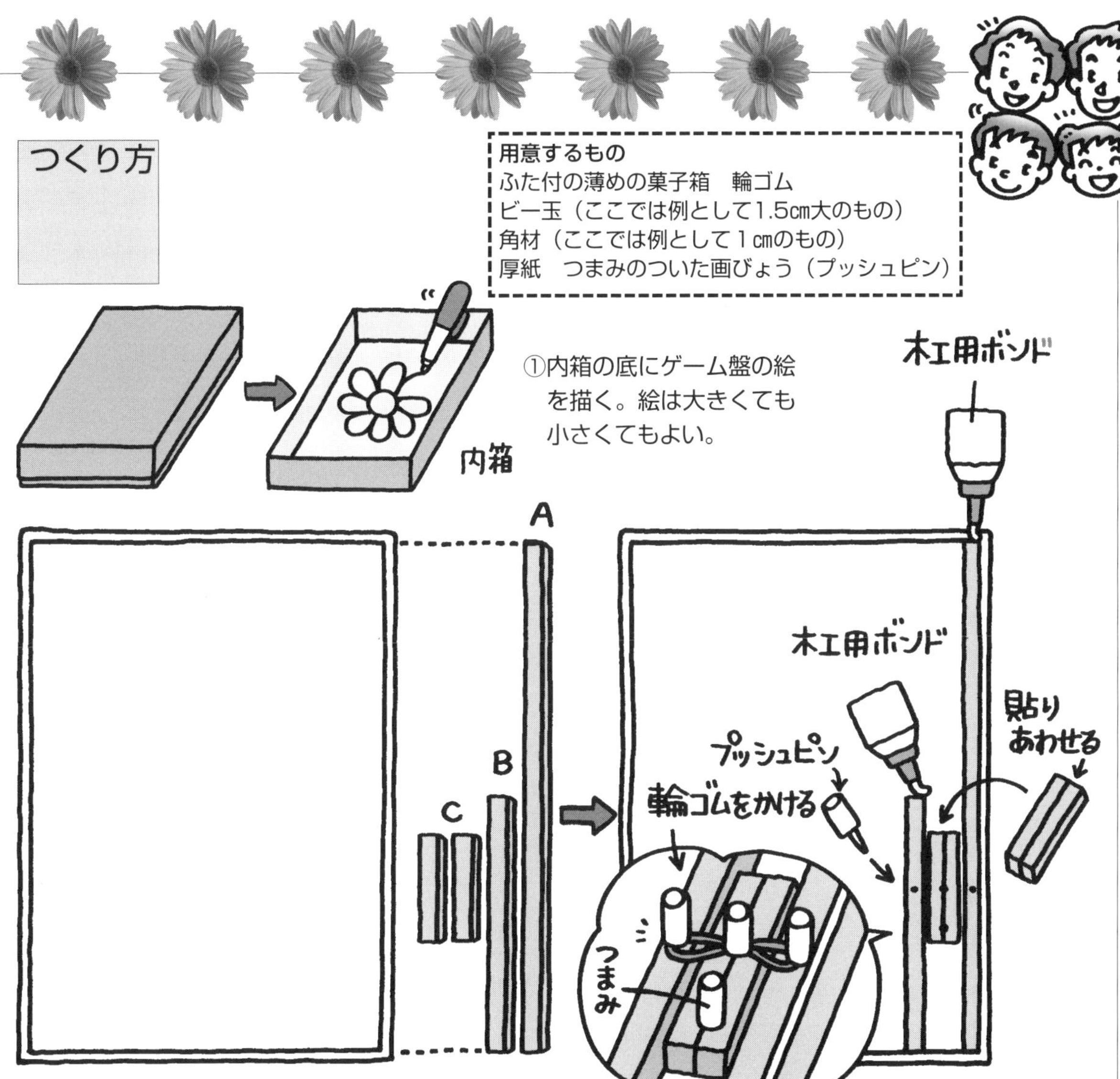

①内箱の底にゲーム盤の絵を描く。絵は大きくても小さくてもよい。

②箱に合わせて、図のような割合の長さに角材を切る。
③箱の右内側に角材Ａを木工ボンドで貼る。
④角材Ａと2.5cm間をあけて、下のふちに合わせてＡと平行に角材Ｂを貼る（ビー玉が楽に入るように）。
⑤角材Ｂにプッシュピンを刺す。角材Ａにも同じ位置にプッシュピンを刺す。

⑥角材Ｃを２本ボンドで貼り合わせ、さらにセロハンテープを巻いて強くする。中央と手前にプッシュピンを２本刺す（手前のピンが発射のつまみになる）。
⑦ボンドが乾いたら、図のように角材ＡＢの間にＣを置き、輪ゴムをひねるようにかける。

⑧厚紙を図の長さに切る（箱の横の寸法×1.5倍の長さ、幅２㎝）。これを箱の横から上にかけてカーブをつけて貼る。

⑨箱の左上あたりに、プッシュピンを２本刺す。（注：箱の裏に針が突き出るので、下に台を置いて刺そう）

⑩⑨に輪ゴムをかけて、はじいたビー玉が跳ねかえるようにする。（注：はじいたビー玉が当たるようにプッシュピンの位置を調整しよう）
位置が決まったらプッシュピンにボンドをつけて固定する。

⑪プッシュピンでビー玉が入るポケットをつくり、点数も書く（ピンはボンドをつけて刺す）。お父さんにパチンコ台を思い出してもらいながらつくるとよい。

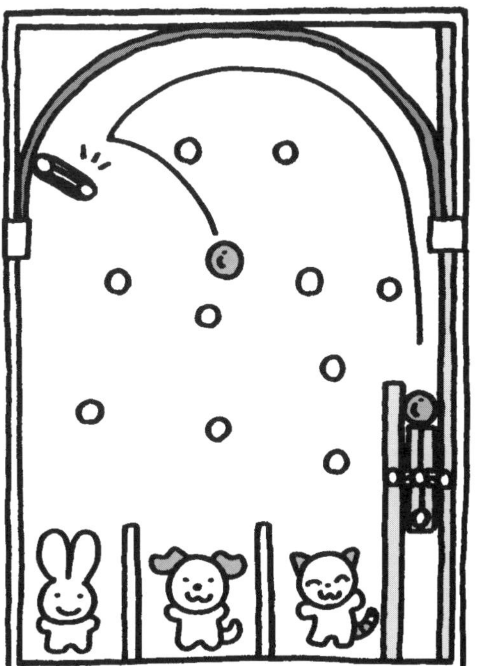

⑫図のようにゲーム盤と箱のふたをずらして重ね、ガムテープなどで固定する。
（注：発射装置のある方を低くする）

何秒で迷路から出られるかな

大型脱出ゲーム

ちょこっとコラム

夏休みに工作の講師を頼まれるとよくつくる人気のゲーム盤です。本書では家族で楽しむことを考えて大型にしました。さあ、親子で真剣に競って、たくさん遊んでくださいね。

遊び方

①ビー玉をスタート地点に入れる。タイムを計り、ゴールまでの時間を競って遊ぼう。

②慣れてきたら、目かくしの帯をずらしてもう一度やってみよう。新しいゲームになるよ。

【応用】

●プラ板の代わりに箱のふたを使ってやってみよう。スタートとゴールの位置にだけ穴をあけて、目かくし状態でゲームをしてみよう。

つくり方

①箱の底にゲーム盤の絵を描く。
②箱に迷路の図面を書く（ビー玉が自由に動く幅をあける）。スタートとゴールの位置を右下と左上につくっておく。
③厚紙を２㎝幅に切り、図面に合わせて切って木工用ボンドで貼っていく。箱に当たる面だけでなく、つなぎ目にもボンドをつける。

用意するもの
薄い菓子箱
白ボール紙（工作用紙でもよい）
ビー玉　プラ板　色画用紙

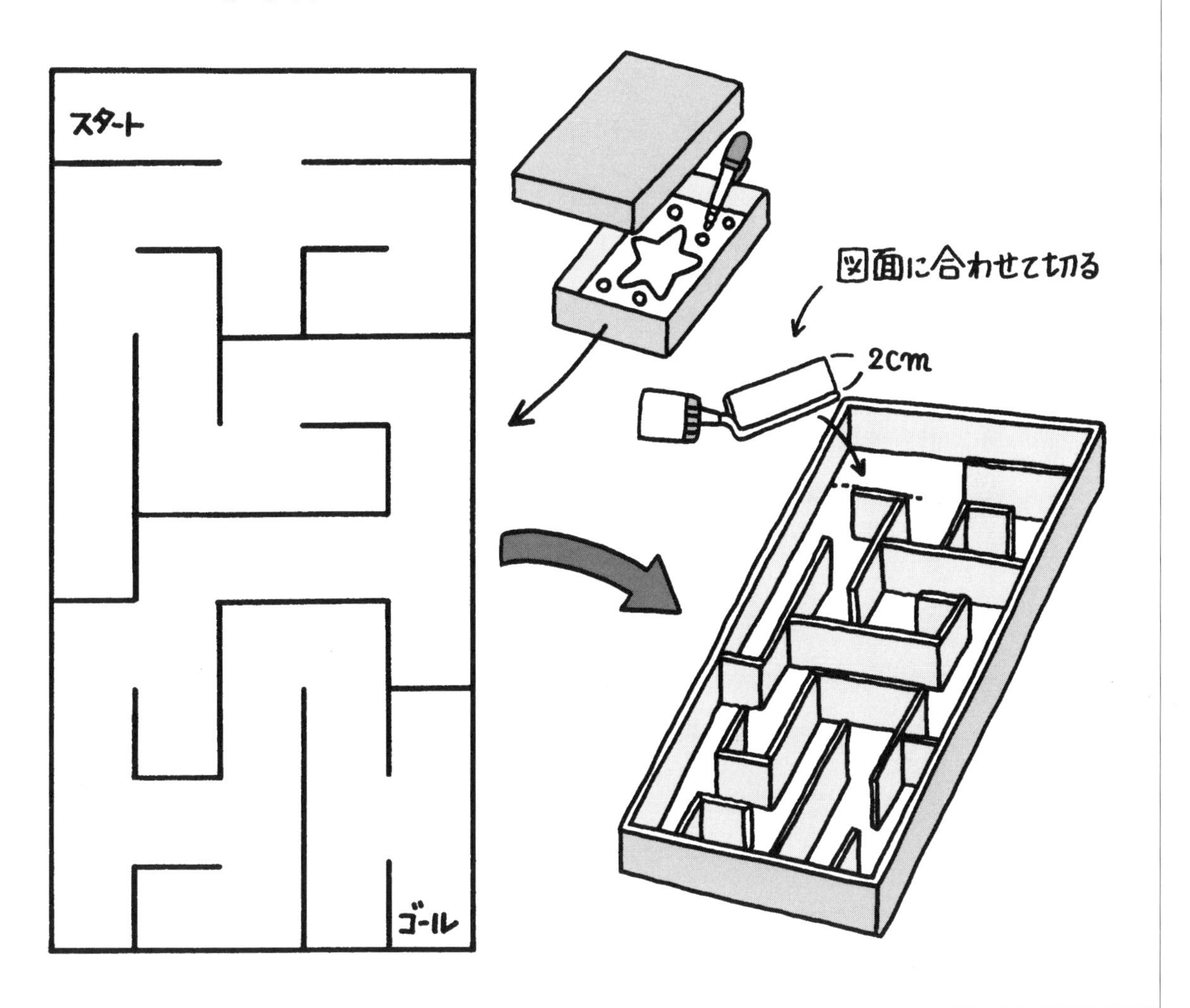

④箱の大きさに合わせてプラ板を切り、スタートとゴールの部分を切っておく。
⑤箱の淵と厚紙の上にボンドをつけ、プラ板を貼る。

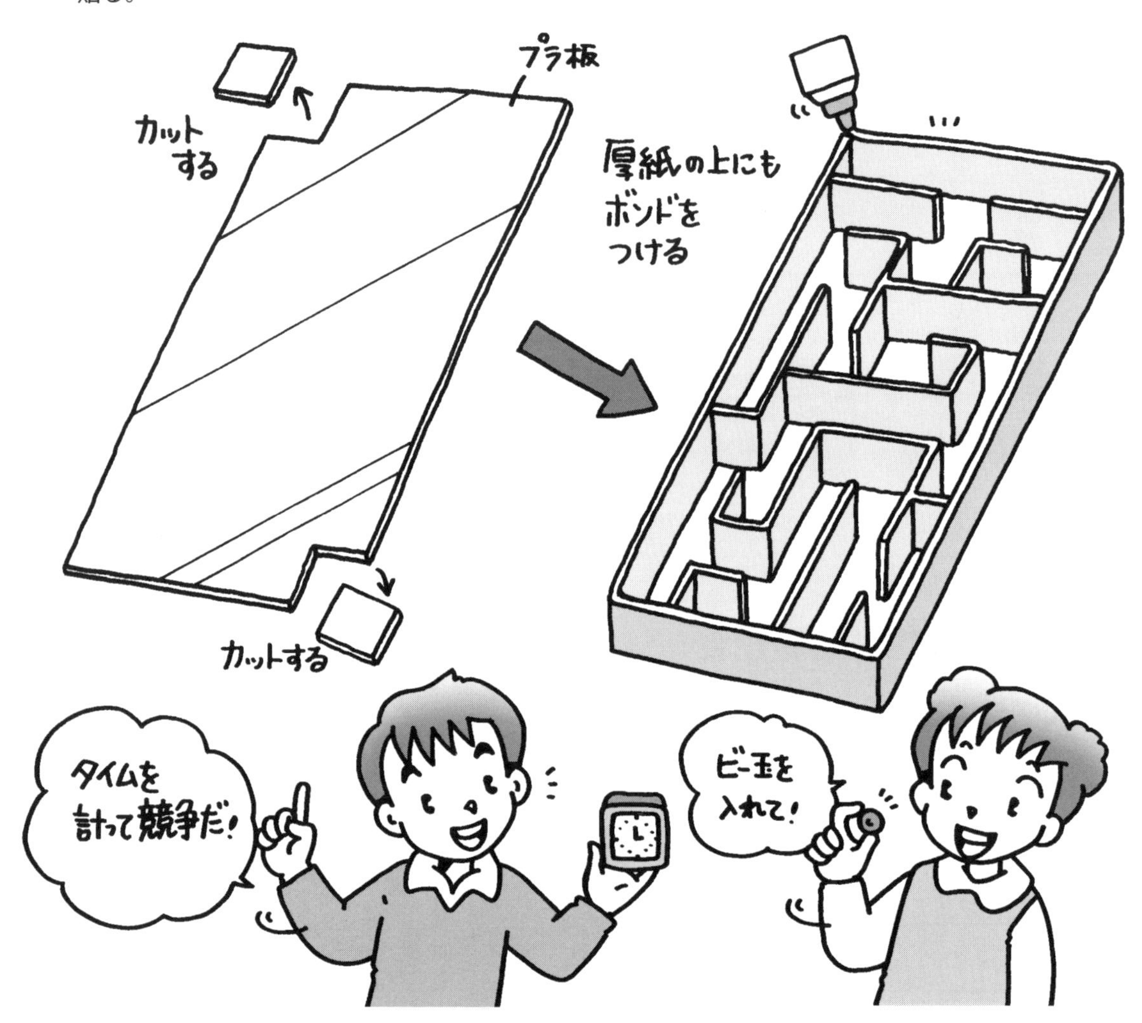

⑥ボンドが乾いたら、淵をビニールテープで固定する。
⑦箱の３分の１くらいの幅で画用紙を長く切る。
⑧画用紙を箱に巻きつけて、上下にスライドできるようにかるく貼る。これが目かくしの帯になる。

どこから出るかドキドキ

ビー玉のあみだくじマシーン

ちょこっとコラム

立体のあみだくじができたらいいな、とずっと思っていました。ビー玉で遊べるゲーム盤にしました。いろんなゲームや遊び、順番決めなどに使って遊んでください。

遊び方

①トイレットペーパーの芯から牛乳パックの中へビー玉を落とす。

②牛乳パックの中をはねながらビー玉が落ちてくる。

③ビー玉が出てきたところの点数を得点としてゲームをしよう。ペットボトルのふたに入れば最高得点！

【応用】

●ゲームのたびに、ビー玉を落とす人が好きなストローを１本引き抜いて、あみだくじのようにやってみよう。毎回違うゲーム盤になって楽しいよ。

つくり方

用意するもの
1リットルの牛乳パック
先の曲がるストロー
小さめのビー玉
トイレットペーパーの芯
ペットボトルのふた

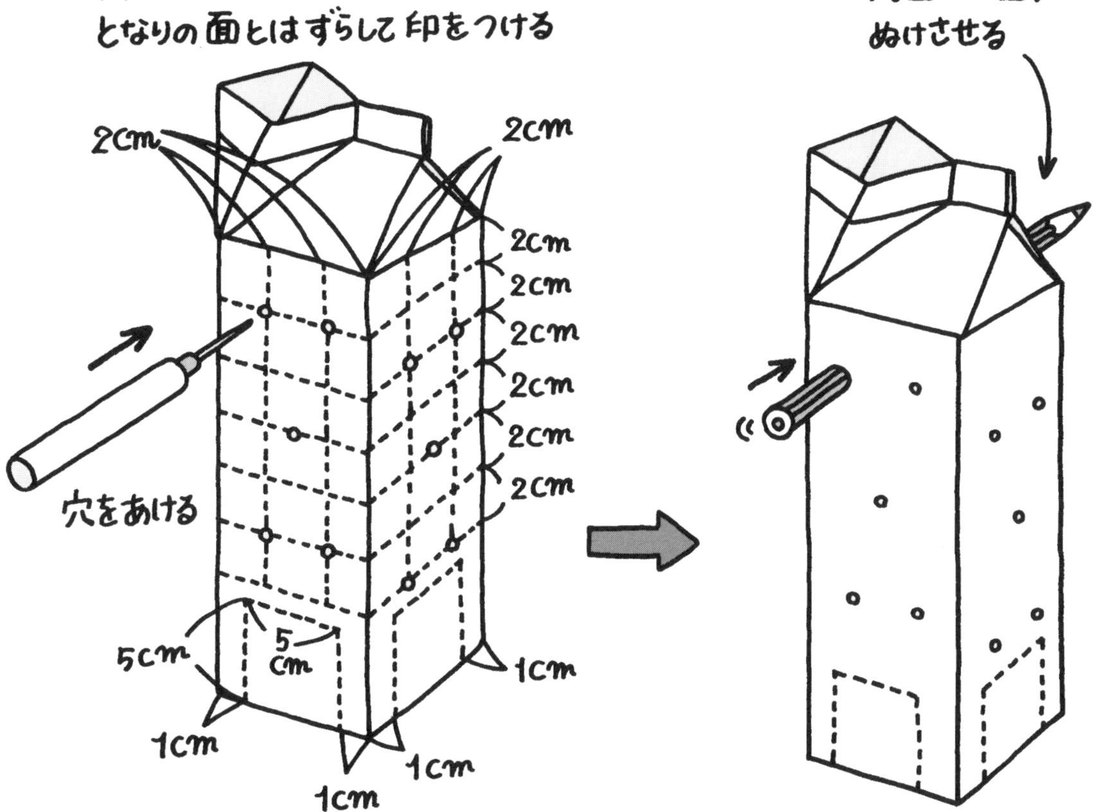

①図のように、牛乳パックの４面に５個ずつ印をつける。
（注意：幅はビー玉の大きさよりせまくならないように。対面は同じ位置になるように）
②千枚通しで穴をあけ、鉛筆で対面の穴まで通り抜けさせる。

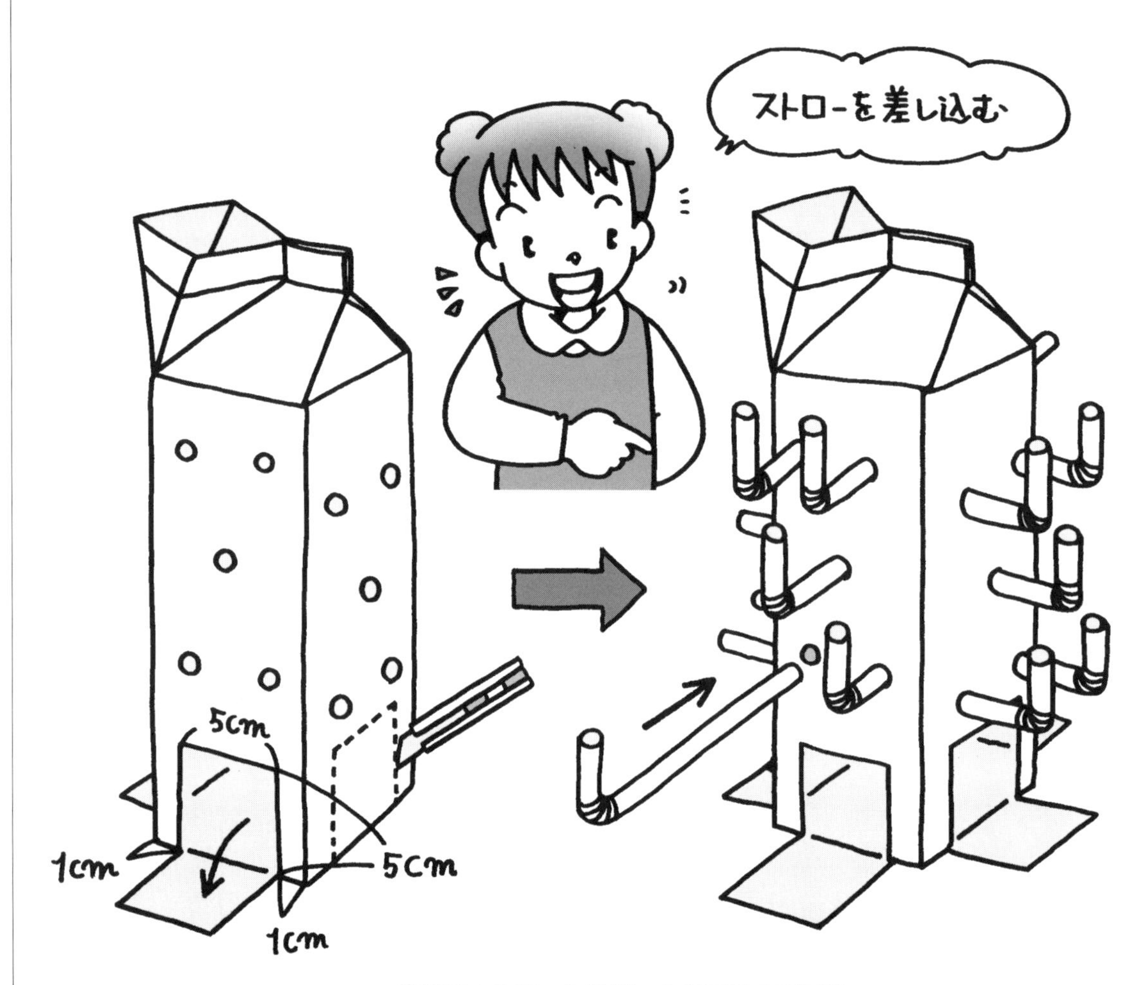

③図のように、牛乳パックの下の４面に線を引く。
④カッターナイフで切り抜き、外側に開く。
⑤先の曲がるストローを穴に差しこみ、上を向けて曲げておく。

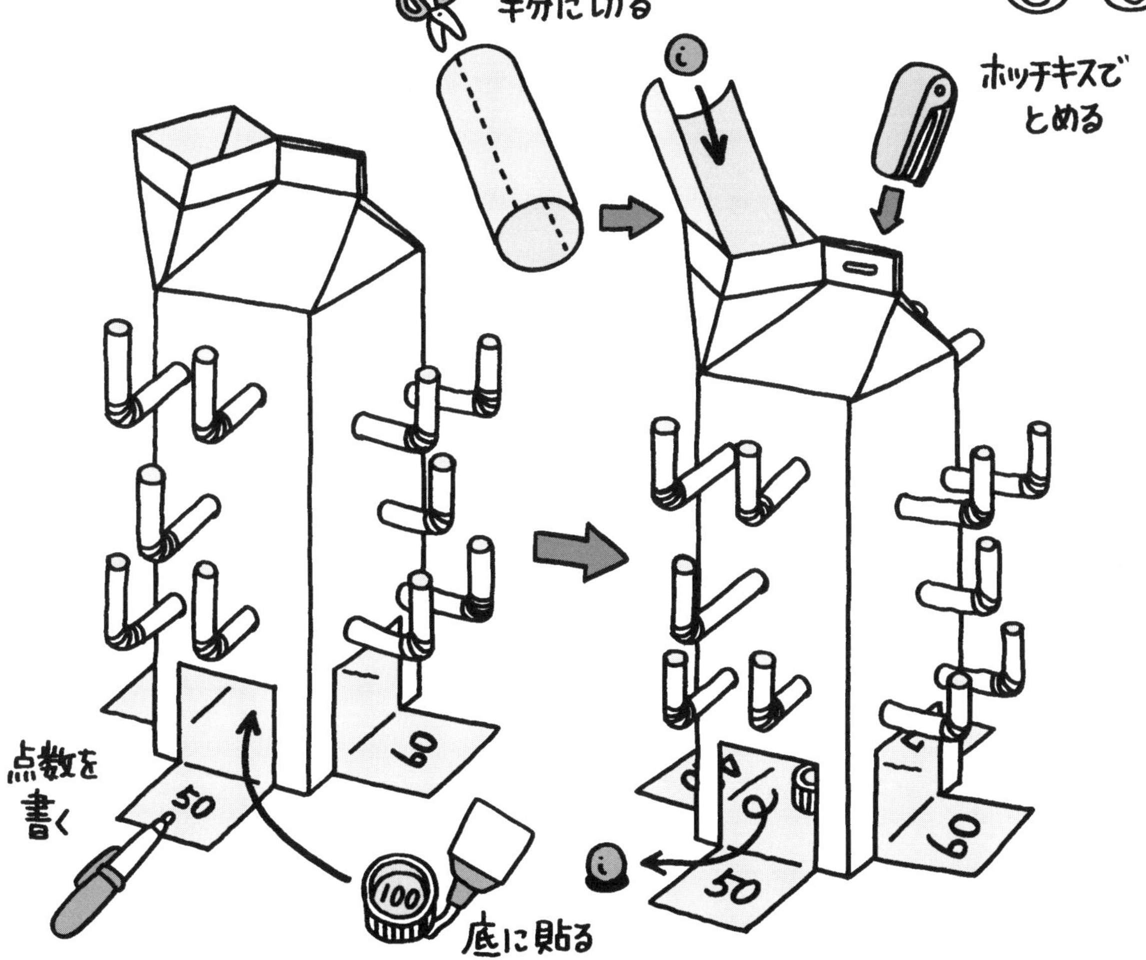

⑥切り開いた部分に点数を書く。
⑦牛乳パックの底の中央に、ペットボトルのふたを上向きに貼りつける。ふたの中は最高得点をつけておく。

⑧半分に切ったトイレットペーパーの芯を、牛乳パックの口に固定する（牛乳パックの口が全部開いていたら、半分をホッチキスでとめる）。

大人も子どもも熱くなる

モグラたたきゲーム

ちょこっとコラム

ゲームセンターなどでもおなじみのモグラたたきを、ストローをつないで手づくりしてみましょう。大きくつくって、家族みんなでお楽しみください。

遊び方

①1人がうちわを持って正面に立つ。もう1人がストローを吹いてモグラをふくらませる。
②うちわを持った人は、モグラが出てきたらすばやくたたく。
③ストロー係はたたかれる前にすばやくストローを吸って逃げる。これを繰り返してモグラたたきを楽しもう。

【応用】
●大きくつくり、複数でストローを吹いてやってみよう（P.91参照）。

つくり方

①箱に７㎝×７㎝（牛乳パックが入る大きさ）の穴を３個あける。箱が大きければ穴は４個でも５個でもよい（箱の大きさに合わせてつくる）。

用意するもの
大き目の菓子箱など
先の曲がるストロー
牛乳パック３本　傘ポリ袋
厚紙　画用紙　うちわ

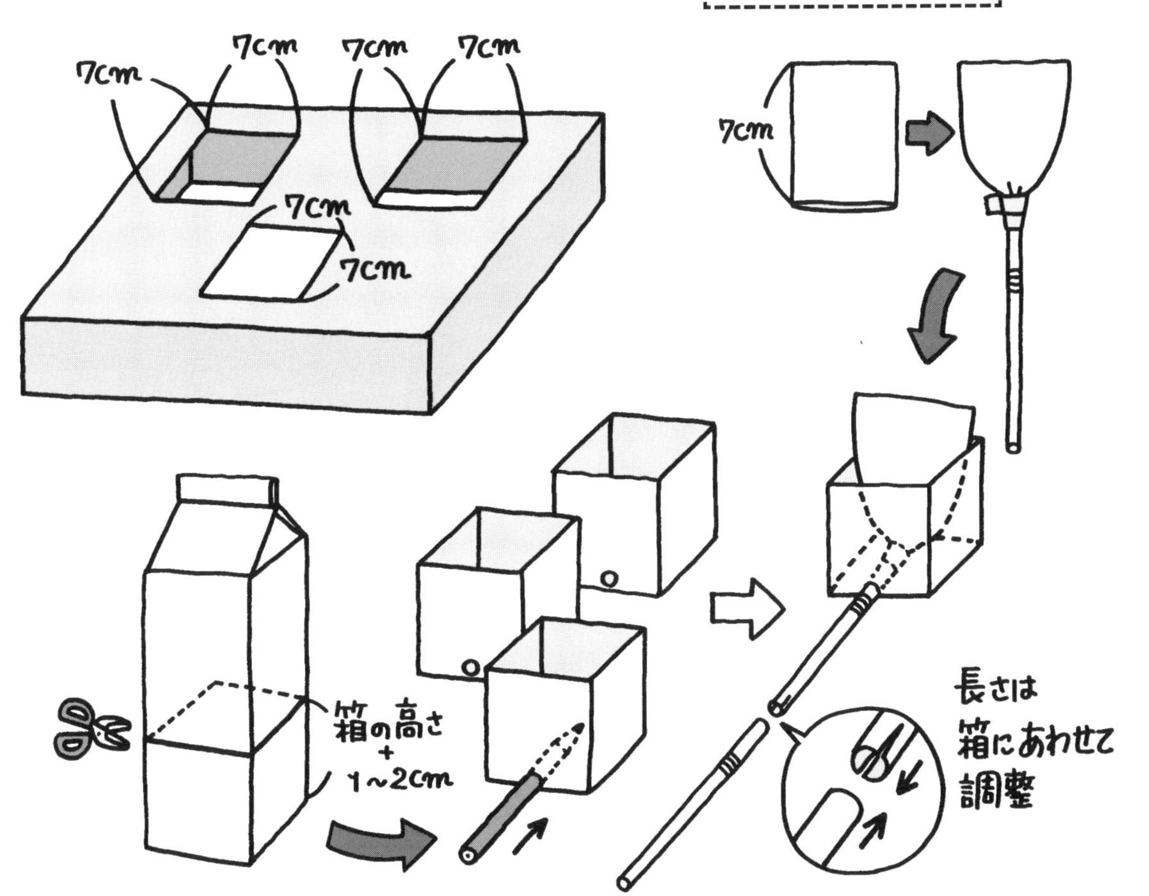

②箱の高さより１～２㎝高く牛乳パックを切る。これを３個つくる。
③牛乳パックの底に近い部分に穴をあけ、鉛筆を差して穴を大きくしておく。
④傘ポリ袋を７㎝くらいの長さに切る。
⑤先の曲がるストローの短い方に傘ポリ袋をかぶせ、セロハンテープをストローに巻きつけて貼る。
⑥牛乳パックの中に入れて、ストローを穴から外に出す。

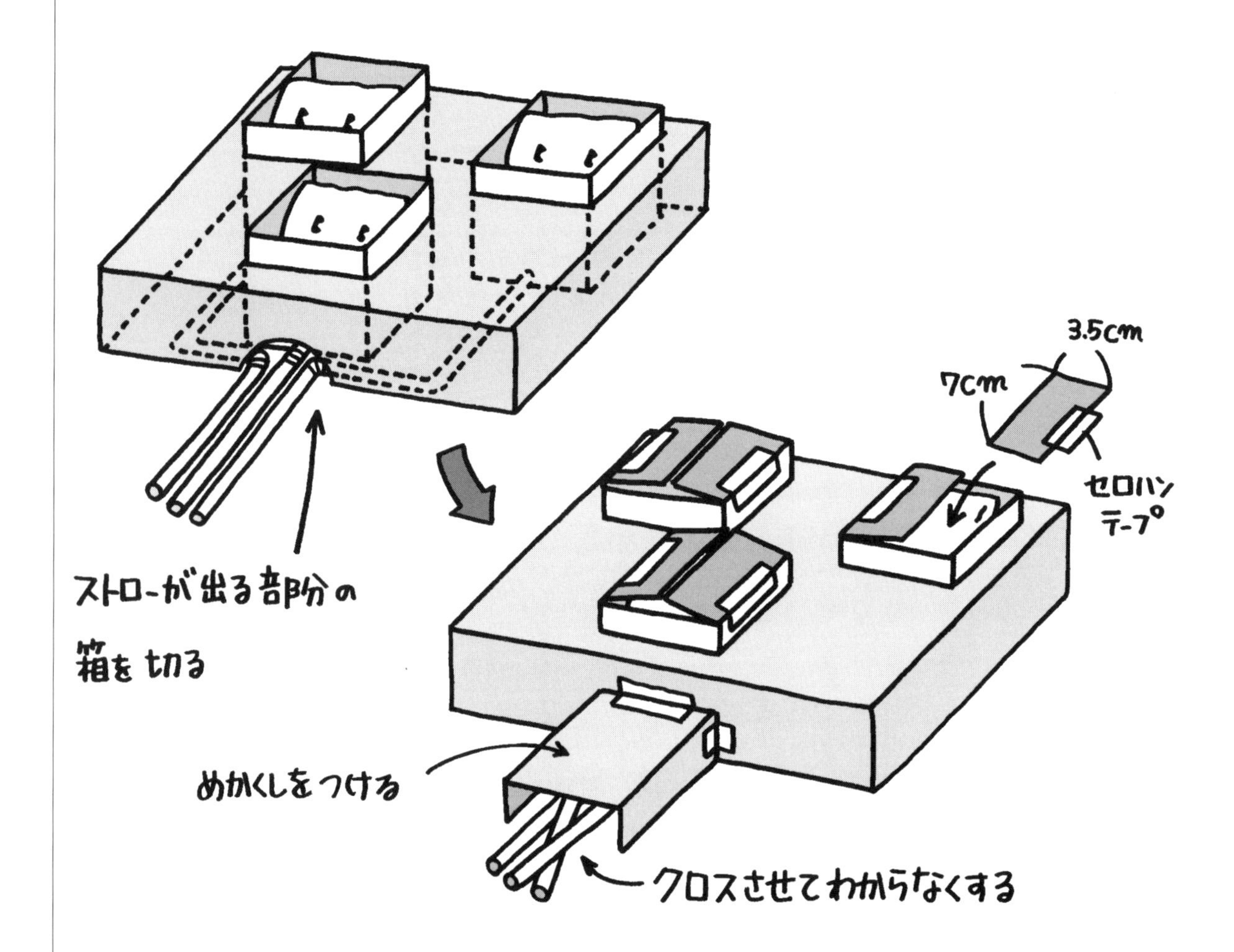

⑦これを3個とも箱にセットするが、ストローを1ヵ所にそろえるため、短いものはつなぎ合わせて長くする。
⑧ストローをそろえたところに、図のように画用紙で目かくしをつける。

⑨厚紙を7㎝×3.5㎝に切り、牛乳パック3個にふたをするように、セロハンテープで貼る。
（注：開きやすいように貼る）

大きくつくってみよう

パーティーなどで、お客さんもいっしょに遊びましょう。

王さまパズル

ちょこっとコラム

昔からあるおもちゃです。ボクが最初に見たのは下町の資料館のようなところで、箱入り娘を出すおもちゃでした。でも、今ではもう出し方を覚えていません。

遊び方

①キャラクターをP.95のように全部並べてから、たぬきのこまを取ってスタート。
②ケースの中でこまを移動させ、王様のこまを下のあいているわくから外に出す。
③次はうさぎをとってやってみよう。
④いちばん難しいのはへび。２枚とも抜いてやってみよう。

【応用】

●いろんなキャラクターでつくってみよう。

つくり方

用意するもの
のりパネル　プラ板
画用紙　スプレーのり

ぼくが王様だよ〜!

のりパネルをカッターで切る

2.5cm　5cm　2.5cm
5cm
5cm
2.5cm
2.5cm　2.5cm　2.5cm　2.5cm

◀パズル用▶

1cm　1cm
10.5cm
1cm
10cm
1cm　1cm
2.5cm

◀わく用▶

①のりパネルをカッターナイフで図の寸法に切る（パネル用）。
②わく用に、のりパネルを図の寸法で切る。

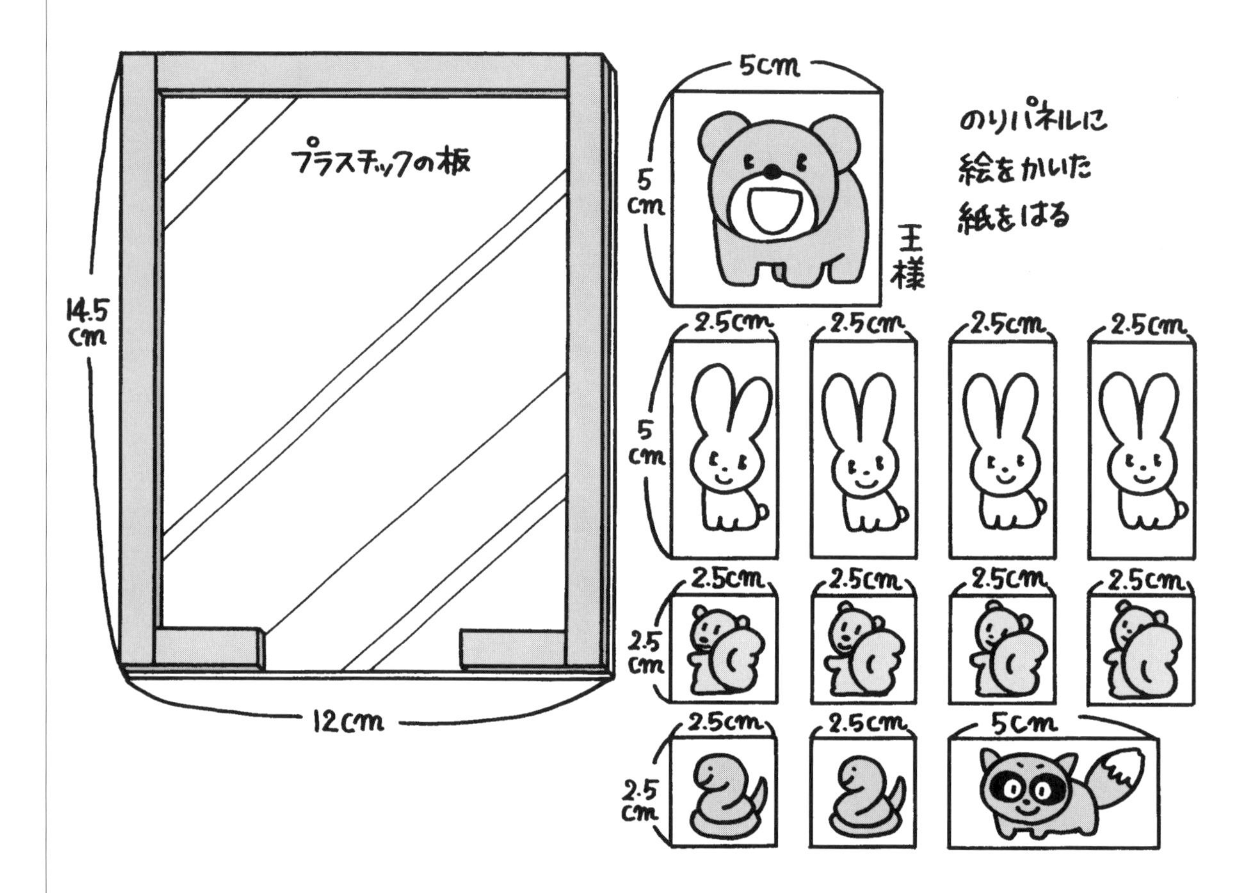

③12㎝×14.5㎝のプラ板に、わく用ののりパネルを貼る。
④絵を描いた紙やカレンダーなどを、プラ板の裏側にスプレーのりで貼ると、きれいなゲーム盤になるよ。
⑤①で切ったのりパネルに、キャラクターを描いた紙を貼る。

たぬきをぬいて
他のこまを移動させ
くま（王様）をわくから
出す

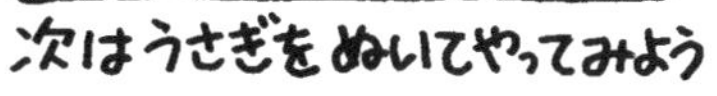

いちばんむずかしいのは へび！

ちょこっとコラム パート2

ボクは１回しか成功していません。でも必ずできますから、あきらめないでがんばってください。うまく出せたときの喜びは格別です。

本書は、『準備いらずの遊び・ゲーム大集合 BOOK』（2005 年）『親子で楽しむ手づくりおもちゃ大集合 BOOK』（2008 年）を再構成し、改題したものです。

プロフィール

木村　研　（きむら　けん）

1949 年　鳥取県生まれ
児童文学作家　日本児童文学者協会会員　手づくりおもちゃ研究家
『999 ひきのきょうだいのおひっこし』が、2012 年ドイツ児童文学賞にノミネートされ、
子どもたちの選ぶ「金の本の虫賞」を受賞。

【著書】『一人でもやるぞ！と旅に出た』『おしっこでるでる大さくせん！』『おねしょがなおるおまじない！』（草炎社）／『999 ひきのきょうだい』『999 ひきのきょうだいのおひっこし』『999 ひきのきょうだいのはるですよ』『999 ひきのきょうだいのおとうと』『999 ひきのきょうだいのほしをさがしに』（ひさかたチャイルド）／『わくわく！びっくり！かんたん手づくり絵本』（チャイルド本社）／『子育てをたのしむ手づくり絵本』『遊ばせ上手は子育て上手』（ひとなる書房）／『作って遊ぶ！忍者になるおもちゃ図鑑』（講談社ビーシー / 講談社）／『準備いらずのクイック教室&外遊び大集合 BOOK』『手づくりおもちゃを 100 倍楽しむ本【DVD 付】』（いかだ社）　など多数

イラスト●種田瑞子
本文 DTP ●渡辺美知子デザイン室

おうちは遊びのワンダーランド

2020 年 5 月 5 日　第 1 刷発行

著　者●木村　研 ©
発行人●新沼光太郎
発行所●株式会社いかだ社
〒102-0072 東京都千代田区飯田橋 2-4-10 加島ビル
Tel.03-3234-5365　Fax.03-3234-5308
E-mail　info@ikadasha.jp
ホームページ URL　http://www.ikadasha.jp/
振替・00130-2-572993

印刷・製本　モリモト印刷株式会社

乱丁・落丁の場合はお取り換えいたします。
Printed in Japan
ISBN978-4-87051-540-6
本書の内容を権利者の承諾なく、
営利目的で転載・複写・複製することを
禁じます。